JIMMY Y KAREN EVANS

Manual para grupos pequeños.

Con notas para los líderes.

MATRIMONIO SOBRE LA ROCA

Manual para grupos pequeños.
Con notas para los líderes.

Basado en el éxito de libreria MATRIMONIO SOBRE LA ROCA de Jimmy y Karen Evans, disponible a través de Lidere (www.lidere.org) o de Marriage Today (www.marriagetoday.org)

Todas las citas de la Escritura están tomadas de la Biblia de las Américas o de la Santa Biblia Nueva Versión Internacional.

ISBN 9781690919162

Acerca de las sesiones

Cada sesión en este estudio está compuesta de las siguientes partes: *Empecemos, Descubriendo una verdad, Relacionándonos y comunicándonos, Compartiendo y Concluyendo ideas, Aplíquelo.*

Una descripción de estas fases es la siguiente:

1 Empecemos

(20 minutos)
El propósito de la sección *Empecemos* es ayudar a las personas a conocerse entre ellos y preparar sus mentes y sus corazones para recibir el tema de la sesión. La primera parte de *Empecemos* fue hecha para ser divertida, mientras se introduce el grupo a la idea principal. La habilidad de compartir diversión con otros es vital para construir dinámicas de grupo firmes. Otro componente de *Empecemos* es *Verificando* (excepto en la sesión uno). El mismo está diseñado para dar seguimiento a la tarea que harán las parejas cada semana entre las sesiones.

2 Descubriendo la verdad

(25 minutos)
Aquí está la enseñanza principal de la sesión. En esta parte, las personas contestarán preguntas relacionadas con el tema de estudio y reflexionarán en la Palabra de Dios para profundizar. La Biblia se usa como la autoridad suprema en asuntos de la vida y del matrimonio. Dios aún habla clara y poderosamente a través de Su Palabra escrita, acerca de los conflictos y las luchas que enfrentan los hombres y las mujeres a través de todas las épocas. Le animamos a traer una Biblia a cada sesión.

3 Relacionándonos y comunicándonos

(30 minutos)
En esta fase es donde las parejas tendrán oportunidad de interactuar entre sí y con otras parejas para compartir sus percepciones personales y descubrimientos acerca de ellos mismos, del uno con el otro y de su relación. En esta sección comienza la verdadera aplicación de los principios enseñados durante *Descubriendo una verdad.*

4 Compartiendo y discutiendo ideas

(10 minutos)
Ahora las parejas tienen oportunidad de discutir el uno con el otro y orar en cuanto a las ideas presentadas en la sesión. Éste también es un tiempo para que las parejas se comprometan a establecer una hora para hacer la tarea de la semana, la cual aparece en el segmento *Aplíquelo*.

5 Concluyendo

(5 minutos)
Este segmento sirve para resumir la enseñanza y llevar la sesión a un tono apropiado.

6 Aplíquelo

Éste es el tiempo cuando el crecimiento real y la sanidad tienen lugar. Está diseñado para ser un tiempo de aplicación único fuera del tiempo de la reunión, dando una oportunidad a las parejas de hacer cambios reales en sus vidas personales y en sus matrimonios.

Índice

Reconocimientos

Me gustaría reconocer a las muchas personas que han contribuido a la publicación de este material, así como el éxito del ministerio de Majestic Media. A los Ancianos de la iglesia *Trinity Fellowship*: ¡Gracias! Las palabras no pueden expresar la gratitud que siento por su firme apoyo y compromiso a mí, y al llamado de Dios sobre mi vida. Un agradecimiento especial al Consejo de Directores de Majestic Media. Su sabiduría y liderazgo han sido una fuente de fuerza y gozo. A Rick y Linda Anderson, quienes tomaron mis palabras y las pusieron en la forma de un cuaderno de trabajo para un estudio. Y al increíble grupo de colaboradores que trabajaron incansablemente para crear productos y cumplir plazos para que la gente fuera ministrada y sus vidas cambiadas para la gloria de Dios. Y a Karen, el amor de mi vida, quien ha estado a mi lado, me ha amado y ha orado por mí por más de treinta años y quien siempre ha confiado que Dios terminará la obra que Él comenzó. ¡Gracias!

Introducción

¡Ah! ¡Una boda! ¡La feliz pareja, en un cuarto lleno de testigos, haciendo votos de mantenerse fieles el uno al otro para toda la vida! Ellos recitan los tradicionales (y algunas veces, no tan tradicionales) votos, prometiéndose fidelidad en lo próspero y en lo adverso... en la salud y en la enfermedad... y amarse y respetarse todos los días de sus vidas...hasta que la muerte los separe.

Éste es probablemente el día más feliz que la pareja ha experimentado, pero pronto termina la boda y comienza el matrimonio. Dos personas con distintas historias, expectativas, metas, personalidades y perspectivas de la vida ahora tienen que aprender a vivir juntas. Se dan cuenta que «enamorarse» es una cosa muy diferente a construir un buen matrimonio.

La mayoría de las parejas planean y se preparan para otros aspectos de sus vidas como: comprar un auto, su profesión, ¡aun para ir al supermercado! Sin embargo, cuando llega el momento de saber y planear lo que se necesita para tener éxito en el matrimonio, están completamente sin preparación. No obstante, Dios tiene un plan. Cuando Él le creó, sabia que usted necesitaba una persona amiga, un compañero(a), un(a) amante, un alma gemela. Él quiere que usted triunfe.

En este estudio iniciaremos la búsqueda para entender el plan de Dios y lograr la gozosa unidad en el matrimonio que Él planeó para usted.

COMPROMISOS DEL GRUPO

Su parte:

1.. No comparta experiencias que pudieran avergonzar a su pareja.
2.. Sea honesto con usted mismo, con otros y con Dios.
3.. Termine la lectura y la tarea correspondientes antes de la reunión.
4.. Mantenga este grupo de matrimonios como un lugar seguro de sanidad, no comparta información personal de alguien del grupo con alguien fuera del grupo.

Nuestra parte:

1.. Proveer dirección bíblica para construir un matrimonio más fuerte.
2.. Mantener una atmósfera positiva y segura para la discusión y el crecimiento.
3.. Comprometernos a caminar con usted a través de un proceso, trabajando los aspectos necesarios para que pueda tener el matrimonio de sus sueños.

Sesión uno

EL ASUNTO MÁS IMPORTANTE EN EL MATRIMONIO

Lo primero que una pareja puede hacer por su matrimonio es asegurarse de que cada uno tiene una relación verdadera y profunda con el Señor Jesucristo.

Lectura para esta sesión:
Lea los capítulos uno y dos de *Matrimonio sobre la Roca.*

1 Empecemos

- ¿Quién es usted?
Por turnos, preséntese a los demás, diciendo tres palabras que lo describan.

Conéctese
Después de que todos hayan tenido la oportunidad de presentarse, lea Gálatas 6:2 y Romanos 12:15.

- ¿Cómo es que permanecer en contacto con las otras parejas del grupo le ayudará en su camino hacia un mejor matrimonio?

Pase su libro alrededor para que cada pareja pueda anotar sus nombres, números de teléfono y sus correos electrónicos, si están disponibles. Pídales que lo anoten en los espacios reservados al final del libro en la página 99.

Cuando cada uno tenga su libro, tome un momento para leer sobre los compromisos de este grupo que se encuentran en la página 9

2 Descubriendo la verdad

La manera en la que se identifica a sí mismo tiene una gran influencia en su matrimonio. Cada persona es guiada por la necesidad de satisfacer cuatro necesidades profundas del alma, necesidades que definen quiénes somos.

1. ¿Cuáles son algunas de las necesidades que usted piensa que cada ser humano tiene?

2. ¿Cómo definiría usted las cuatro necesidades que se mencionan a continuación?
   a) Aceptación

   b) Identidad

   c) Seguridad

   d) Propósito

3. ¿Por qué cree usted que Dios nos creó con esas necesidades?

4. ¿Cuáles son las maneras más comunes en las que las personas buscan satisfacer sus necesidades más profundas?

   a)

   b)

   c)

   d)

   e)

5. Lea Proverbios 28:26, Jeremías 17:5 y Proverbios 11:28. ¿Cuáles son los resultados si usted espera que otras personas o cosas satisfagan estas necesidades básicas?

   a) Seguridad interna

   b) Capacidad para dar

   c) Atmósfera de vida

   d) Expectativas

6. Lea Juan 6:35. ¿Por qué Jesús se compara a Sí Mismo con las necesidades básicas de comer y beber?

7. Lea Jeremías 17:7-8, Salmo 125:1 y Proverbios 29:25. ¿Cuáles son los resultados si usted se dirige a Jesús para que Él supla esas necesidades?

a) Seguridad interna

b) Capacidad para dar

c) Atmósfera de vida

d) Expectativas

3 Relacionándonos y comunicándonos

1. Lea de nuevo Proverbios 28:26, Jeremías 17:5 y Proverbios 11:28. Comparta un ejemplo (de su propia vida) acerca de los resultados que obtuvo cuando no buscó a Dios para suplir sus necesidades internas.

2. Lea de nuevo Jeremías 17:7-8, Salmo 125:1 y Proverbios 29:25. Comparta un ejemplo personal de bendiciones que obtuvo como resultado de confiar en Dios para suplir sus necesidades internas.

3. Lea Juan 4:1-42. ¿Qué clase de mujer cree usted que es la que está descrita en este pasaje?

4. ¿Qué le enseña este pasaje acerca de la actitud de Dios hacia las personas que tienen matrimonios fracasados?

5. ¿Qué le enseña este pasaje acerca de cómo los matrimonios pueden ser exitosos?

4 Compartiendo y discutiendo ideas

Encuentre un lugar lejos de las otras parejas para tener privacidad.

1. Hable acerca de cómo depender más del Señor para que Él supla sus necesidades.

2. Hagan un compromiso en voz alta el uno con el otro de depender en el Señor (y no el uno en el otro), para que Él supla sus necesidades más profundas.

3. Pídanse perdón mutuamente por las veces que pusieron expectativas irreales el uno en el otro, resultando en heridas y división en su matrimonio.

4. Concluyan orando el uno por el otro para caminar más profundamente con el Señor y tener una mayor dependencia en Él.

5. Antes de que usted se vaya de esta reunión, establezca un lugar y una hora para que, junto a su cónyuge, hagan la tarea de la sesión antes de que nos volvamos a reunir.

Nuestro tiempo: ____________________
Fecha y hora: ____________________
Lugar: ____________________

5 Concluyendo

Reconozca que su dependencia en cualquier cosa que no sea Jesús puede traerle situaciones difíciles. Nuestra dependencia en otras cosas nos hace resbalar lenta y sutilmente. Pregúntese lo siguiente y respóndase honestamente en silencio.

- ¿Espero que mi pareja me haga feliz?

- ¿Qué expectativas tengo de que mi pareja supla las necesidades que sólo Dios puede suplir?

- ¿Se trastorna fácilmente mi paz interna, mi gozo y satisfacción, cuando las cosas no van como yo quiero, o cuando las personas no se comportan como yo creo que deberían comportarse?

- ¿Creo que realmente mi vida está basada en saber quién soy en Jesús? ¿Creo estar seguro de ello, sin importar cómo se porten las personas o cómo resulten las situaciones?

6 Aplíquelo

Antes de su tiempo juntos, lea los capítulos uno y dos de *Matrimonio sobre la Roca.* Si alguno de ustedes no está seguro de dónde está parado en su relación personal con Jesucristo, por favor, tome tiempo para leer el Apéndice I y II de *Matrimonio sobre la Roca*.

Comiencen orando juntos, luego compártanse las siguientes dos cosas:

- Hable acerca del momento espiritual culminante de su vida.

- Dígale a su pareja una cosa que usted admira de su vida espiritual.

Ahora, tome unos minutos para contestar estas preguntas individualmente:

1. ¿Hay algunas áreas en las que usted haya recibido satisfacción de algo o alguien que no sea Dios?

2. ¿Cómo ha impactado esto a su matrimonio?

3. ¿Ha tenido usted expectativas irreales de su cónyuge en alguna área?

4. ¿Cuál ha sido el resultado de esto en su relación?

Comparta su punto de vista de las preguntas anteriores con su pareja. Asegúrese de que el enfoque permanezca en lo que usted ha hecho, y no en lo que ha hecho su pareja.

A continuación hay una lista de actividades que pueden mejorar su relación con Dios individualmente y como pareja. Discuta cuáles de éstas estaría dispuesto a comenzar a hacer ahora, y cuáles estaría dispuesto a darles más atención.

- Orar a solas
- Orar como pareja
- Lectura, estudio y meditación de la Biblia
- Lectura de libros devocionales o teológicos
- Asistir a la iglesia juntos
- Ayunar
- Servir en la iglesia
- Ir a un retiro
- Entrar a una relación de discipulado, o bien, tener un mentor

Finalice orando por turnos pidiendo la ayuda de Dios para mantener su relación personal con Él como la base de su matrimonio.

Para la próxima semana lea el capítulo dieciséis de *Matrimonio sobre la Roca.*

Sesión dos

RELACIÓN DE PACTO

El entendimiento bíblico del pacto es fundamental para entender la visión de Dios para el matrimonio, ya que afianza nuestro compromiso hacia la relación.

Lectura de esta sesión:
Lea el capítulo dieciséis de *Matrimonio sobre la Roca.*

Verificando
Para ayudarle a entender la importancia de las tareas asignadas, tome un momento y cuente cuántas horas hay en una semana. De esas horas, ¿cuántas está invirtiendo usted en su matrimonio durante este tiempo grupal cada semana? En cada lección, usted obtendrá una herramienta que le ayudará a prosperar su matrimonio, y la tarea que hace, proveerá el tiempo para usar esa herramienta para la construcción de su matrimonio. Relate brevemente cómo le fue en la tarea.

Dos convirtiéndose en uno
Esposas, tomen un pedazo de plastilina de color rosado; esposos, tomen un pedazo de plastilina azul, y traten de crear algo que los represente individualmente. Lean Génesis 2:24. Con sus pedazos de plastilina, ilustren la idea de este versículo uniendo ambos pedazos de plastilina y haciendo de ellos uno.

2 Descubriendo la verdad

Después de mezclar los dos pedazos de plastilina, trate de separar las piezas en las figuras rosadas y azules nuevamente.

1. ¿Por qué usted no pudo separar las figuras?

2. ¿Cómo cree usted que esto se asemeja a la visión de Dios para el matrimonio?

3. La visión de Dios para el matrimonio está basada en una relación de pacto. ¿Cuál diría usted que es la definición de pacto?

4. Pacto literalmente significa "cortar, sacrificar". Lea Génesis 15:9-21. ¿Por qué usó Dios animales partidos como una demostración de su compromiso con Abram?

5. Los pactos en el Antiguo Testamento involucraban la muerte de un animal como una representación gráfica de la idea "…que se haga con nosotros como con estos animales, si alguno de nosotros rompe este acuerdo…" Vea el versículo 17.

6. Jesús hizo un nuevo pacto con nosotros. ¿Qué se sacrificó para establecer el nuevo pacto con nosotros? Vea Efesios 5:2.

7. Hemos estado hablando acerca de sacrificio a través de todo esto, pero ¿qué significa realmente sacrificio? ¿Cómo diría usted que el mundo define el sacrificio?

8. Para tener una mejor idea de lo que el sacrificio debe ser, veamos lo que Dios hizo para establecer Su nuevo pacto con nosotros. ¿Envió Dios a Su Hijo de mala gana? ¿Envió lo que le sobraba y era extra o Él, lleno de gozo, envió lo mejor que tenía por Su gran amor hacia nosotros?

9. Nuestra mentalidad occidental está más acostumbrada al concepto de contrato que al de pacto. En términos de sus derechos, ¿qué le da un contrato?

10. Un contrato protege sus derechos y limita sus responsabilidades. Un buen ejemplo de ello es un contrato de renta. Por otra parte, un pacto limita sus derechos y establece responsabilidades. ¿A qué derechos renunció Jesús y cuáles responsabilidades aceptó en el nuevo pacto que Él estableció con nosotros?

3 Relacionándonos y comunicándonos

1. Comparta un ejemplo de sacrificio donde han dado con gran gozo lo mejor que tenían.

2. Nombre un derecho personal al que debe renunciar para fortalecer un pacto en el matrimonio.

3. ¿Cuál fue la motivación de Dios para enviar a Su Hijo como un sacrificio? ¿Cómo puede ser aplicada esa motivación en el pacto matrimonial?

4. El pacto en el matrimonio opera en dos niveles: un pacto con Dios por su matrimonio y su pacto de uno con el otro. ¿Cómo puede ayudarle su pacto con Dios en el pacto con su pareja?

4 Compartiendo y discutiendo ideas

Encuentre un lugar apartado de las otras parejas para tener privacidad.

1. Brevemente, escriba tres o cuatro cosas que usted aprecia de su pareja.

2. Por turnos, compartan esas cosas el uno con el otro.

3. Ore con su pareja dándole gracias a Dios por ella, sin importar los problemas que estén enfrentando.

4. Antes de que usted se vaya de esta reunión, establezca un lugar y una hora para que, junto a su cónyuge, hagan la tarea de la sesión antes de que nos volvamos a reunir.

Nuestro tiempo: ____________________
Fecha y hora: ____________________
Lugar: ____________________

5 Concluyendo

El pacto requiere un alto nivel de sacrificio personal, pero éste es la base para el verdadero amor e intimidad.

- Cuando ambos miembros de la pareja tienen un acuerdo mutuo de sacrificarse el uno por el otro, el personalismo es descartado y la ambición egoísta cae.
- Dios está comprometido a estar a su lado en su esfuerzo para triunfar en su pacto matrimonial.
- Él quiere que usted tenga un matrimonio fuerte y satisfactorio y le ayudará a hacer lo que usted no puede en su propia fuerza.
- Tomemos ahora un momento para pedirle Su ayuda y darle gracias por Su compromiso de pacto hacia usted.

6 Aplíquelo

Antes de su tiempo juntos, repase el capítulo dieciséis de *Matrimonio sobre la Roca.*
Empiece por orar con su pareja y después compartan lo siguiente:

- Su compromiso de trabajar con la ayuda de Dios en cualquier problema que esté enfrentando.
- Que usted se volvería a casar con su cónyuge otra vez.

Ahora pase unos minutos contestando estas preguntas individualmente:

1. ¿Qué áreas en mi matrimonio son más como un contrato que como un pacto?

2. ¿En qué área me he estado enfocando en proteger mis derechos en lugar de sacrificarme por mi pareja?

Comparta su perspectiva de las preguntas anteriores con su cónyuge. Asegúrese de que su enfoque permanezca en lo que usted ha hecho o dejado de hacer, y no en el desempeño de su cónyuge. Como pareja, hagan una lista de las maneras en que se demostrarán su compromiso de pacto el uno al otro durante la próxima semana.

Para la próxima semana, lea el capítulo diecisiete de *Matrimonio sobre la Roca.*

Sesión tres

PRINCIPIOS PARA TENER UNA COMUNICACIÓN POSITIVA

Una buena comunicación no sólo es importante; es esencial para un matrimonio. La comunicación es el puente que conecta los corazones y las vidas de dos personas.

Lectura para esta sesión:
Esta sesión está basada en el capítulo diecisiete de *Matrimonio sobre la Roca.*

1 Empecemos

- ¿Cuál semilla?

De las semillas mostradas por el líder, escoja una semilla que producirá lo siguiente:

- Calabaza
- Maíz
- Patilla
- Tomate
- Semillas de girasol

Las palabras se parecen mucho a las semillas. El tipo de semilla que se siembre, determina el tipo de cosecha que se tendrá. Si usted quiere cosechar una atmósfera de amor y elogio en su matrimonio, ¿qué clase de palabras necesita sembrar?

Verificando
Comparta cómo un compromiso más profundo al pacto en su relación le ha marcado esta semana.

2 Descubriendo la verdad

Lea Proverbios 18:20-21, y Gálatas 6:7. Las palabras son increíblemente poderosas. Dios usó palabras para crear el universo y todo lo que hay en él. De la misma manera, la atmósfera de nuestro mundo privado es creada por palabras – las palabras habladas por nosotros y las habladas a nosotros por otros.

1. ¿Qué clase de sentimientos o ambientes pueden ser creados por palabras?

2. ¿Cómo pueden ser las palabras como semillas positivas y negativas?

3. La comunicación es el instrumento más importante para establecer unidad espiritual, emocional, mental y práctica. Usted simplemente no puede intimar como pareja sin la comunicación adecuada. ¿Por qué el área de la comunicación puede ser un buen lugar para que Satanás intente destruir su matrimonio?

4. La buena comunicación solamente ocurre si entendemos y aceptamos las diferencias entre hombre y mujer. Un esposo necesita entender y comprometerse a suplir la necesidad de su esposa de una comunicación profunda y detallada. Ella necesita la historia completa con todos los detalles, no solamente respuestas de encabezado, de tal manera que pueda sentirse conectada a él y a su mundo. ¿Cómo puede amenazar a un hombre la necesidad de información detallada de una mujer?

5. De la misma manera, un hombre necesita un lugar seguro donde sea respetado y honrado para que sea capaz de comunicarse abiertamente con su esposa. Es la responsabilidad de una esposa crear esa atmósfera segura y a salvo para su esposo. ¿Cómo podría la esposa crear una atmósfera de seguridad si comparte información detallada íntima de su pareja con otros miembros de su familia y amigos?

6. Otra barrera para una buena comunicación son los conflictos sin resolver. Es muy importante que ambos miembros de la pareja sientan que pueden traer a colación problemas para discutir con la finalidad de encontrar soluciones. ¿Qué puede impedir que una persona permita a su cónyuge expresar sus preocupaciones en cuanto a su relación?

7. Es importante también que los problemas sean resueltos rápidamente y no dejar que se conviertan en un área donde Satanás pueda acusarlo con su pareja. Si los problemas no son tratados diariamente, se matan las emociones positivas y el enojo puede salirse de control. ¿Cómo podría Satanás acusarlo con su pareja si los problemas no se resuelven rápidamente?

8. Otras dos claves para resolver los conflictos son:
   - Empezar su conversación con una afirmación de su pareja y una expresión de su compromiso a su matrimonio.
   - Escuchar cuidadosamente cuando su pareja está hablando, sin interrumpir para defenderse.

¿Cuáles son algunas maneras de comunicar respeto a lo que la otra persona está diciendo?

9. Recuerde que la meta de su comunicación es llegar a un acuerdo y resolver el conflicto, no que una persona "gane y la otra pierda". Si es necesario, póngase de acuerdo en orar acerca de la situación y vuélvanse a reunir más tarde para discutirlo. Siempre termine cada conversación con ternura y afecto. ¿Cómo podría influir el lugar de la discusión en el resultado de la conversación?

3 Relacionándonos y comunicándonos

1. Mire otra vez las semillas que trajo el líder. ¿Qué palabras en el matrimonio podrían ser clasificadas como semillas negativas?

2. ¿Qué palabras podrían ser usadas como semillas positivas?

3. Dé un ejemplo de una afirmación que podría usar para empezar una conversación acerca de un asunto que necesita ser tratado.

4. Dé ejemplos de lenguaje corporal que comuniquen amor genuino y preocupación por su pareja mientras usted la escucha.

4 Compartiendo y discutiendo ideas

Encuentre un lugar lejos de las otras parejas para tener privacidad.

1. Tome un momento para reflexionar y escribir las respuestas a las siguientes preguntas:

   - ¿Qué palabras usó su pareja durante su noviazgo que le afirmaron y animaron?

   - ¿Qué palabras que le dice su pareja le animan y le levantan ahora (semillas positivas)?

   - ¿Qué palabras le dice su pareja que lo desalientan y desaniman (semillas negativas)?

2. Comparta lo que escribió con su cónyuge y escuche lo que su cónyuge escribió, sin interrumpir o tratar de defenderse. El propósito de este ejercicio es eliminar y desarraigar semillas negativas de su matrimonio.

3. Ore con su pareja pidiéndole a Dios Su ayuda para quitar semillas negativas de su matrimonio.

4. Antes de que usted se vaya de esta reunión, establezca un lugar y una hora para que, junto a su cónyuge, hagan la tarea de la sesión antes de que nos volvamos a reunir.

Nuestro tiempo: ____________________

Fecha y hora: ____________________

Lugar: ____________________

5 Concluyendo

Sin tener en cuenta cuánto usted lea, discuta o entienda acerca de la buena comunicación, es la práctica de la buena comunicación lo que gratifica.
No esconda su ser interior de su pareja. Mientras más se abra y se vuelva honesto y vulnerable, más se van a conocer mutuamente y su intimidad será más profunda, así como su amor del uno por el otro.

6 Aplíquelo

Antes de su tiempo juntos, repasen el capítulo diecisiete de *Matrimonio sobre la Roca.*

1. Empiecen orando el uno por el otro y compartiendo lo siguiente:

   - ¿Qué clase de comentarios y comunicación le gustaría que su pareja tuviera con usted?

   - ¿Qué puede hacer para escuchar mejor a su pareja?

2. Ahora, tome unos momentos para contestar las siguientes preguntas individualmente:

   - ¿De qué áreas de mi vida o de nuestro matrimonio me gustaría platicar con mi cónyuge?

   - ¿Qué comportamientos interfieren con la buena comunicación en nuestro matrimonio?

Usando la siguiente técnica, escoja un asunto para tratar con su pareja. Una de las personas será el que habla y comunica de cinco a diez minutos, mientras el otro es el que escucha y aprende. El que habla debe sostener un objeto todo el tiempo que habla. Solamente a la persona que esté sosteniendo el objeto se le permite hablar. El que está escuchando y aprendiendo, practica sus habilidades para escuchar. Después, el que está escuchando repite al que habló lo que escuchó. Al concluir el ejercicio, el que escucha y aprende recibe el objeto y los papeles se voltean.

1.. Mientras sostiene el objeto, el que habla debe conversar sin que lo interrumpa el que escucha, usando un lenguaje que no amenace ni acuse. Por ejemplo: "Me siento __________ cuando tú haces o dices__________".

2. El que escucha y aprende debe mantener contacto visual, lenguaje corporal positivo y abstenerse de hacer comentarios. (Es de mucha ayuda estar dispuestos a tomarse de las manos durante este tiempo).

3. El que escucha y aprende repite lo que el otro estaba tratando de expresar, sin juzgar lo que dijo. Por ejemplo: "Lo que escuché que decías era…"

4. Cambien los papeles de manera que el que habla y comunica ahora se convierta en el que escucha y aprende.

Trate de llevar a cabo este formato de discusión tres veces esta semana.

Para la próxima semana, lea el capítulo tres de *Matrimonio sobre la Roca.*

Sesión cuatro

LA LEY DE LA PRIORIDAD

Después de su relación con Dios, el matrimonio debe ser la primera prioridad para ambos miembros de la pareja.

Lectura de esta sesión:
Esta sesión está basada en los capítulos tres y veintiuno de *Matrimonio sobre la Roca.*

Verificando
Comparta brevemente cómo le impactaron las actividades de "escuchar" durante esta semana.

Horas del día
Individualmente, llene los espacios a continuación, reflejando su típico día de la semana. Calcule cuánto tiempo invierte cada día en lo siguiente:

Dormir ________
Cocinar y comer ________
Manejar ________
Trabajar ________
TV ________
Estudio de la Biblia y oración ________
Tareas ________
Tiempo con su pareja ________
Tiempo con los niños ________
Ejercicio ________
Internet ________
Otros (por favor especifique) ________

Piense por un momento en su gráfica personal. ¿Cuáles son las cosas más importantes en su vida según la gráfica? Usaremos esta gráfica en la sección "Relacionándonos y comunicándonos", y también la usará para hacer su tarea de esta semana.

2 Descubriendo la verdad

Dos versículos cortos, solamente 37 palabras, y son esenciales para el éxito de la relación matrimonial. Lea Génesis 2:24-25 NVI.

1. ¿Cómo dividiría este versículo en cuatro secciones?

2. ¿Por qué cree usted que las personas no ven el inmenso impacto que estos versículos tienen en el matrimonio?

3. Cuatro leyes fundamentales para el matrimonio se encuentran en estos dos versículos: la Ley de la Prioridad, la Ley del Seguimiento, la Ley de la Posesión, y la Ley de la Pureza. "Por eso, el hombre deja a su padre y a su madre," es la primera de estas cuatro leyes, la Ley de la Prioridad.

   En la mayoría de las situaciones, la relación más importante en la vida de una persona antes de casarse es la relación con sus padres. Cuando una pareja se casa, ¿qué necesita suceder con la actitud anterior de sumisión a los padres?

4. Los padres necesitan todavía ser honrados y vistos como amigos preciosos, pero el tiempo con ellos después de su matrimonio no debe ocupar el primer lugar en sus prioridades. También es importante que usted no le permita a sus padres criticar a su pareja. ¿Cómo definiría usted honrar a los padres? ¿Cuál es la diferencia entre honor y sumisión?

5. ¿Cuáles son algunas de las características de una amistad preciosa?

6. Veamos la perspectiva de Dios en cuanto a las prioridades. Lea Éxodo 20: 1-4a. ¿Cómo definiría un ídolo? ¿Cuáles son algunos ídolos en nuestra cultura?

7. Lea Éxodo 34:14. ¿Cuáles cosas en su vida pondrían celoso a Dios?

8. Los celos legítimos son el tipo de emoción justa que hace que protejamos lo que legítimamente es nuestro. Hay algunas formas de celos que son pecaminosos y perversiones destructivas de los celos legítimos. Los celos ilegítimos vienen cuando tratamos de obtener algo que no es legítimamente nuestro, o cuando tratamos de retener de una forma pecaminosa algo que no es nuestro.

- ¿Por qué las personas estarían sujetas a la misma emoción de celos como Dios?

9. Si usted permite que algo o alguien, sin importar cuán bueno o importante sea, tome el tiempo y la energía que por derecho le pertenecen a su pareja, usted está violando el diseño de Dios para el matrimonio. Como resultado, su pareja va a experimentar celos legítimos. Hay cuatro maneras en las que comunicamos y demostramos de manera práctica nuestras prioridades. Las mismas son sacrificio, tiempo, energía y actitud. Defina cómo cada una de estas maneras comunica prioridad.

3 Relacionándonos y comunicándonos

1. Mire de nuevo la gráfica que usted hizo en la página 27. ¿Qué le sorprende o desilusiona en cuanto a los resultados de su gráfica?

2. ¿De qué manera podría mostrar honor a cada uno de sus padres sin permitirles una influencia inapropiada en su matrimonio?

3. ¿Cómo podría comunicarles una amistad apreciada a cada uno de sus padres sin permitir que haya prioridades inadecuadas?

4. Dé un ejemplo de celos legítimos.

5. Dé un ejemplo de cómo le comunica usted prioridad a su pareja en cada una de estas áreas:

- Sacrificio
- Tiempo
- Energía
- Actitud

4 Compartiendo y discutiendo ideas

Encuentre un lugar lejos de las otras parejas para tener privacidad.

1. Escriba las áreas en las que usted siente que su pareja está haciendo lo mejor al mostrarle lo importante que es su matrimonio: sacrificio, tiempo, energía o actitud.

2. Comparta esas cosas con su pareja.

3. Ore con su cónyuge pidiéndole a Dios que los ayude a establecer su matrimonio como la prioridad terrenal más alta, y pídale también que aprendan a comunicar de manera efectiva esta prioridad a su pareja

4. Antes de irse de esta reunión, establezca una hora y un lugar para que usted y su cónyuge hagan la tarea de esta sesión antes de que nos volvamos a reunir.

Nuestro tiempo: ____________________
Fecha y hora: ____________________
Lugar: ____________________

5 Concluyendo

Escuche cuidadosamente las señales de advertencia de su pareja en cuanto a sentirse desplazado por otras cosas u otras personas invadiendo sus prioridades. Conforme usted se comprometa a establecer y proteger las prioridades correctas en su matrimonio, encontrará retos frecuentes. Mantenga en mente, sin embargo, la tremenda recompensa que usted cosechará.
Tome un momento de silenciosa reflexión y agradezca a Dios por haberle revelado la importancia de tener las prioridades correctas. Pídale que le muestre donde ha dejado que las cosas se salgan de orden y cómo puede ponerlas en el lugar correcto de prioridad.

6 Aplíquelo

Antes de su tiempo juntos, repase el capítulo tres de *Matrimonio sobre la Roca.*

Comiencen orando el uno por el otro y compartan la gráfica que hicieron en esta lección.

Discutan el uno con el otro lo siguiente:

- Además de sus padres, ¿qué más ha "dejado" por el bien de su matrimonio? En otras palabras, ¿qué otras cosas que usted valora las hizo secundarias a su matrimonio?

- Identifique tres cosas que pudieran estar compitiendo como prioridad más alta que su pareja en el uso de su tiempo y energía.

Ahora, pase unos minutos contestando estas preguntas individualmente.

1. ¿Qué cosas lo hacen sentir especial y valorado por su pareja?

2. ¿Qué tradiciones puede tratar de adoptar para corregir prioridades en su matrimonio? Sea creativo, pero también realista. Revise las siguientes sugerencias:

    - Cada año, en su aniversario, regrese al lugar donde pasaron su noche de bodas.
    - Tengan una cita en la noche cada semana.
    - Una tarde a la semana, trabajen juntos en un libro de recuerdos del año anterior.
    - Pase los primeros y los últimos cuatro minutos del día a solas y lejos de distracciones con su pareja, teniendo una conversación amorosa y positiva.
    - Haga una nueva gráfica que refleje las prioridades que a usted le gustaría mantener. Manténgala a la mano para que la pueda revisar con frecuencia para ver cómo va.

Comparta sus ideas de las preguntas anteriores con su cónyuge y establezca por lo menos una tradición nueva o haga un ajuste a su itinerario que los empiece a mover a las prioridades correctas. Para la próxima semana, lea el capítulo cuatro de *Matrimonio sobre la Roca.*

Sesión cinco

LA LEY DEL SEGUIMIENTO

La calidad de su matrimonio está determinada por lo mucho que usted trabaje en él.

Lectura para esta sesión:
Esta sesión está basada en el capítulo cuatro de *Matrimonio sobre la Roca.*

1 Empecemos

¿Recuerda cuándo...?
Piense en el tiempo en el que conoció a su cónyuge. ¿Cuál fue la cosa más extravagante que hizo para buscar la relación? ¿Cuál fue la cosa más memorable que hizo su pareja para ir tras usted?

Verificando
Comparta la nueva tradición o ajuste a su itinerario que acordaron durante el tiempo de su tarea. Si usted pudo aplicar este cambio o actividad, comparta los resultados.

2 Descubriendo la verdad

La segunda ley fundamental del matrimonio es la Ley del Seguimiento. Se encuentra en la segunda parte de Génesis 2:24 NVI, "...y se une a su mujer"

1. ¿Cuál cree usted que es el significado de la palabra "aferrar"?

Considerando que aferrar realmente significa "perseguir con gran energía y agarrarse a algo celosamente", Dios nos manda que vayamos tras nuestra pareja celosamente y que con gran energía nos agarremos de ella todo el tiempo que ambos vivamos. Nuestra visión del matrimonio, sin embargo, con frecuencia es inclinada al romanticismo y mitos de Hollywood. Uno de estos mitos es: "Si me caso con la persona correcta no tendré que trabajar en la relación para permanecer enamorado, eso sucederá automáticamente".

2. ¿Cuál es la conclusión falsa a la que llega una persona que cree este mito? En otras palabras, "Si yo tengo que trabajar en la relación, debo haberme..."

3. ¿En qué otros conceptos erróneos del matrimonio puede usted pensar?

4. Como los músculos, las relaciones necesitan ejercitarse para permanecer fuertes. Ustedes tuvieron pasión el uno por el otro cuando se conocieron y fueron el uno tras el otro invirtiendo su tiempo y esfuerzo. Fue un tiempo muy emocionante y ambos se sintieron especiales. Conforme pasa el tiempo, las personas en ocasiones toman el matrimonio como un hecho y dejan de trabajar en la relación. Entonces, una quieta satisfacción empieza a arrastrar al matrimonio. Dios nos ha dado un plan para renovar la pasión y desplazar el conformismo. Lea Apocalipsis 2:5

   - ¿Por qué es el "recordar" un buen primer paso para sobreponerse al conformismo?

5. De acuerdo a este versículo, ¿cuál sería el segundo paso para renovar la pasión y desplazar el conformismo?

6. ¿Cuál es la definición de "arrepiéntete"?

7. De nuevo, del versículo anterior, ¿cuál sería el tercer paso para renovar la pasión?

8. Trabajar en la relación es lo que aviva la pasión. No espere que la pasión dirija sus acciones. En vez de eso, haga otra vez las cosas que hizo al principio y la pasión le seguirá. Regrese en su memoria al principio de su noviazgo, cuando se atrajeron y empezaron a perseguirse mutuamente. Ésas son las cosas que debe empezar a hacer de nuevo.

3 Relacionándonos y comunicándonos

1. Piense otra vez en la cosa más extravagante que usted solía hacer para perseguir a su pareja. Si esa pasión ya se ha ido, ¿cómo puede volverla a obtener?

2. ¿Qué mitos ha creído usted del matrimonio?

3. Dé un ejemplo de cómo una pareja podría trabajar en "recordar" y renovar la pasión.

4. Dé algunos ejemplos de cómo "hacer las primeras obras" que llevó a cabo en su relación.

4 Compartiendo y discutiendo ideas

Encuentre un lugar lejos de las otras parejas para tener privacidad.

1. Tome un momento para reflexionar y conteste las respuestas a las siguientes preguntas:
   - ¿Ha estado yendo tras su pareja de la manera como lo hizo al principio?
   - ¿Necesita reavivar su amor por su pareja?

2. Comparta las respuestas de las preguntas anteriores con su pareja, y si es necesario, arrepiéntase y comprométanse a renovar su búsqueda del uno al otro.

3. Ore con su pareja, arrepiéntanse, y pídanle a Dios que les ayude a recordar y a hacer las cosas que hicieron al principio.

4. Antes de irse de esta reunión, establezca una hora y un lugar para que, junto a su cónyuge, hagan la tarea de la sesión antes de que nos volvamos a reunir.

Nuestro tiempo: ____________________
Fecha y hora: ____________________
Lugar: ____________________

5 Concluyendo

Cuando usted toma la decisión de ir tras su pareja con energía y diligencia, encontrará que es una labor de amor y que no es trabajo difícil y agotador. Usted experimentará la maravillosa verdad que el matrimonio se hace más fuerte y satisfactorio cada día cuando lo hace a la manera de Dios. Lea Proverbios 14:23.

6 Aplíquelo

Antes de su tiempo juntos, repase el capítulo cuatro de *Matrimonio sobre la Roca.*

Empiecen orando uno por el otro y compartiendo lo siguiente:

- ¿Qué fue lo primero que te atrajo de mí?

- ¿Cuáles son algunas maneras en las que fui tras de ti cuando empezamos a salir?

- ¿Qué puedo hacer para hacerte sentir que estoy yendo tras de ti ahora?

Ahora, tome unos minutos para contestar las siguientes preguntas individualmente.

1. ¿Qué le gustaría que hiciera su pareja para demostrarle que está yendo tras usted en amor?

2. Hagan una lista de las maneras en las que pueden empezar a perseguirse mutuamente. Aquí hay algunas ideas para empezar.
   - Llámense por teléfono durante el día solamente para conversar.
   - Escríbanse el uno al otro notas de ánimo.
   - Escríbanse cartas cuando estén lejos.
   - Dense regalos sin que sea una ocasión especial.
   - Sorpréndanse mutuamente con una cita especial.
   - Aparten tiempo en sus agendas para estar juntos.

Comparta sus ideas de las preguntas anteriores con su cónyuge. Escoja varias cosas que hará esta semana para ir tras su pareja.

Para la próxima semana lea el capítulo cinco de *Matrimonio sobre la Roca.*

Sesión seis

LA LEY DE LA POSESIÓN

Dios diseñó el matrimonio para que ambos fueran co-propietarios y co-administradores.

Lectura para esta sesión:
Esta lectura está basada en el capítulo cinco de *Matrimonio sobre la Roca.*

1 Empecemos

Verificando
Comparta cómo se sintió esta semana conforme usted y su pareja practicaron el ir uno tras el otro en amor.

¿A quién le pertenece?
Haga una lista de sus cinco posesiones más importantes. Comparta la número uno con el grupo.

2 Descubriendo la verdad

La tercera ley fundamental del matrimonio es la Ley de la Posesión. Está basada en la última parte de Génesis 2:24 NVI: "...y los dos se funden en un solo ser".

1. Más allá de la relación sexual, ¿qué más involucra el fundirse en un solo ser?

2. El acto de convertirse en un solo ser involucra mucho más que el sexo. Implica que cada cosa que se posee y que está asociada a dos personas se fusiona en una entidad mancomunada, con todas las cosas poseídas y administradas de común acuerdo. ¿Qué cosas debería incluir esto?

3. Cualquier cosa que no se tenga en común y no sea controlada por ambas partes, va a llevar a división y a problemas. Si usted no le revela ciertas posesiones a su pareja, ¿qué le comunica con este hecho?

4. Entre las maneras más comunes en las que las personas violan esta ley, hay tres que son principales: la dominación, el egoísmo y la sobreprotección.

   - ¿Cómo definiría dominación?

   - ¿Cómo definiría egoísmo?

   - ¿Cómo definiría sobreprotección?

5. Lea Lucas 14:33. ¿Cómo se refleja su sumisión a Cristo en la relación con su pareja?

6. Hay cuatro verdades de cómo la Ley de la Posesión impacta a los matrimonios:
   - Las posesiones que tenemos indican lo que para nosotros tiene valor y es prioritario.
   - Los celos legítimos pueden ser conquistados o provocados por la manera como administramos nuestras posesiones.
   - Compartir las posesiones y rendirlas en mutua pertenencia edifica la intimidad.
   - Compartir las posesiones y rendirlas en mutua pertenencia fomenta interdependencia.

   ¿A qué posesiones cree usted que se aplican estas verdades?

7. Hay maneras prácticas de establecer esta ley en su matrimonio.

   - Pídale a su cónyuge que ore con usted en cuanto a las decisiones en su matrimonio.
   - Nunca tome una decisión importante sin tomar en cuenta a su cónyuge, (y asegúrese de que están de acuerdo en lo que significa "importante").
   - Comuníquele a su cónyuge con regularidad su disposición a compartir las posesiones si esto se vuelve un tema de discusión.

8. ¿De qué manera las sugerencias anteriores establecen la Ley de la Posesión en un matrimonio?

3 Relacionándonos y comunicándonos

1. Mire de nuevo la lista de posesiones que hizo en la actividad con la que abrimos esta sesión. Si usted identificó algunos artículos usando las palabras "mi" o "mío", ¿qué refleja en cuanto su actitud hacia ellos?

2. Si usted insiste en su independencia y "derechos personales", ¿qué sucederá con la verdadera intimidad en su relación?

3. Dé un ejemplo (que no sea personal) de cómo un esposo pudiera ser dominante en una área y cómo una esposa pudiera controlar otra área.

4. Dé un ejemplo de alguna ocasión en la que rendir una posesión trajo un sentido de intimidad más profundo.

4 Compartiendo y discutiendo ideas

Encuentre un lugar lejos de las otras parejas para tener privacidad.

1. Tome un momento para reflexionar y contestar las siguientes preguntas:

   - ¿Qué cosa, si existe alguna, se me hace difícil compartir con mi cónyuge?

   - En relación a la "división de trabajo" o "tareas" en nuestra relación, ¿hay algún trabajo que necesito para aprender a compartir de manera que podamos conducir juntos nuestro matrimonio?

2. Comparta las respuestas anteriores con su cónyuge, y después escuche, sin criticar, lo que comparta con usted.
3. Ore con su cónyuge pidiéndole a Dios que abra su corazón para poder confiar en su pareja con todas las cosas que usted tiene.
4. Antes de irse de la reunión, establezca una hora y un lugar para que, junto a su cónyuge, hagan la tarea de la sesión antes de que nos volvamos a reunir.

Nuestro tiempo: ____________________

Fecha y hora: ____________________

Lugar: ____________________

5 Concluyendo

La intimidad no está basada única y principalmente en relaciones sexuales grandiosas o en conversaciones profundas. La verdadera intimidad se crea cuando dos personas tienen sus vidas tan entretejidas el uno con el otro que nadie puede determinar dónde una vida termina y la otra empieza.

6 Aplíquelo

Antes de su tiempo juntos, repase el capítulo cinco de *Matrimonio sobre la Roca.*

Empiecen orando uno por el otro y compartan lo siguiente:

- ¿Cómo se siente cuando su cónyuge controla o domina en un área? Enfóquese en sus sentimientos y no en culparlo.

- ¿Qué les ha funcionado en el pasado para ayudarles a ser menos egoístas y compartir mejor las cosas?

Ahora tome unos minutos meditando en los siguientes temas. Determine su punto de vista en qué tan egoísta o dominante siente que puede ser en cada una de estas áreas.

- Tiempo
- Dinero
- Toma de decisiones
- Tareas
- Elección de actividades

Comparta sus pensamientos con su cónyuge. Si ve algunas áreas problemáticas, hagan una lluvia de ideas acerca de los cambios específicos que pudieran hacer juntos para encaminarse a compartir todas las cosas.

Para la próxima semana, lea el capítulo seis de *Matrimonio sobre la Roca.*

Sesión siete

LA LEY DE LA PUREZA

Dios diseñó el matrimonio para que funcionara en una atmósfera de pureza entre esposo y esposa; una atmósfera a salvo y segura de manera que cada uno sea libre de compartir sentimientos personales y vulnerabilidades con el otro.

Lectura para esta sesión:
Esta sesión está basada en el capítulo seis de *Matrimonio sobre la Roca.*

1 Empecemos

¿En qué afecta?
Cada uno de ustedes tome el vaso de agua que el líder les trajo. Este vaso de agua lo representa a usted. Ponga una cucharada de tierra en uno de los vasos de manera que cada pareja tenga un vaso con agua limpia y otro con agua sucia. Ahora mezclen el contenido de ambos en un solo vaso. ¿Qué sucedió con el agua que estaba limpia? ¿En qué se parece al efecto del comportamiento de cada persona en el matrimonio?

Verificando
Comparta el plan que usted y su cónyuge llevaron a cabo para ayudarles a cumplir con la ley de posesión en su matrimonio.

2 Descubriendo la verdad

La cuarta y última ley del matrimonio está en Génesis 2:25 NVI: "En ese tiempo el hombre y la mujer estaban desnudos, pero ninguno de los dos sentía vergüenza".

Piense de nuevo en el agua que mezcló en la actividad con la que abrimos esta sesión.

1. ¿Cree usted que es posible que una persona tenga un pecado escondido que no afecte al otro cónyuge?

2. Antes de que eligieran pecar, la relación de Adán y Eva era ejemplo de un matrimonio perfecto de Dios para nosotros.
   - ¿Cuál era su condición en el principio?

3. Dios quería que el matrimonio fuera un lugar de "desnudez" total. Adán y Eva se compartieron mutuamente de manera total, física, mental, emocional y espiritualmente, en una atmósfera de intimidad y apertura entre ellos y para con Dios.
   - Conversen de cómo Adán y Eva estaban "desnudos" en cada una de las cuatro áreas mencionadas anteriormente.

4. Antes de que Adán y Eva experimentaran el pecado:
   - Sus diferencias podían ser expresadas abiertamente (los genitales completamente descubiertos revelaban una de las varias diferencias que tenían).
   - Podían tener intimidad sin impedimentos (no había ropa que quitar).
   - Sus áreas más sensibles podían ser expuestas sin temor (los genitales son las áreas más sensibles del cuerpo).

   Lea Génesis 3: 6-10. ¿Cómo fueron afectadas las tres áreas mencionadas anteriormente cuando Adán y Eva pecaron?

5. Lea Romanos 6:23. ¿Cuál es la paga del pecado?

6. Cuando permitimos el pecado en nuestras vidas, sin importar cuán pequeño sea, tragamos una porción de veneno mortal. Nos convertimos en blancos abiertos para las mentiras de Satanás y sus maquinaciones destructivas. No existe tal cosa como "pecado privado". Debido a esto, un cónyuge tiene el derecho de interesarse en cada área de la vida de su pareja.
   - ¿Cuántos puntos de entrada necesita Satanás en el matrimonio de una persona, o en su vida, para destruir su matrimonio?

7. Lea 1 Pedro 5:8. La mejor manera de parar el efecto dañino del pecado en nuestro matrimonio es no dejándolo entrar, deteniéndolo desde el principio. Si el pecado ya entró, la gracia redentora de Dios hace posible restaurar una atmósfera de pureza en su relación, sin importar cuál fue el pecado. Éstos son los pasos para crear o restaurar una atmósfera de pureza: primero responsabilícese por su propio comportamiento. Lea Lucas 6: 41-42. ¿Cómo se aplica este versículo al matrimonio?

8. Además, no responda al pecado con otro pecado. Aunque 1 Pedro 3:1-2, está escrito para las esposas, el principio aplica para ambos. Usted debe comprometerse a tener pureza cuando esté tratando problemas. No tome represalias ni practique la venganza pecaminosa cuando está confrontando a su cónyuge. Después, es vital que usted confiese sus fallas. 1 Juan 1:9 y Santiago 4:6 y 5:16 señalan el poder que hay cuando confesamos nuestras faltas. Aunque su pareja no le responda positivamente, debe admitir sus fallas para estar bien delante de Dios. Y después es el tiempo de perdonar. ¿Qué dice Jesús en Mateo 6:14-15 en cuanto al perdón?

9. El veneno de la falta de perdón daña más a la persona que lo retiene que a la persona a la que está dirigido. Aún si usted perdona a su cónyuge, y si hay otras personas en su vida a las que no ha perdonado, ese resentimiento y amargura van a dañar su matrimonio. Finalmente, es importante orar juntos el uno por el otro y rodearse de personas que los van a animar a buscar a Dios y a amar a su cónyuge. Usted no necesita tener amigos que lo seduzcan a pecar. ¿Qué dice 1 Corintios 15:33 acerca del tipo de amigos que debe tener?

3 Relacionándonos y comunicándonos

1. Comparta cómo Dios le ha ayudado a vencer el pecado en otras áreas de su vida y converse de algunas victorias que haya visto en su matrimonio.

2. Basado en Lucas 6:41-42, ¿qué clase de comportamiento inspirado por Dios puede practicar para animar a su cónyuge a tener respeto y confianza en usted?

3. ¿Por qué es peligroso permitir que las heridas y frustraciones crezcan en la relación en vez de tratar con ellas abierta y honestamente?

4. ¿Qué características buscará en sus amigos para que tengan una influencia positiva en su matrimonio?

4 Compartiendo y discutiendo ideas

Encuentre un lugar lejos de las otras parejas para tener privacidad.

1. Tome un momento para reflexionar y escribir las respuestas a las siguientes preguntas:

   - ¿En cuál de las cuatro áreas de apertura (física, emocional, mental y espiritual) se siente más cómodo su cónyuge?

   - ¿En cuál de estas cuatro áreas necesita usted mejorar su disposición a abrirse?

2. Comparta las respuestas anteriores con su pareja y asegúrese de comunicarse en amor y humildad.

3. Ore con su pareja dándole gracias a Dios que Él proveyó perdón para todos sus pecados, y pídale Su ayuda para extenderle ese mismo perdón a su cónyuge.

4. Antes de irse de esta reunión, establezca una hora y un lugar para que, junto a su cónyuge, hagan la tarea de la sesión antes de volvernos a reunir.

Nuestro tiempo: ____________________
Fecha y hora: ____________________
Lugar: ____________________

5 Concluyendo

Dios diseñó el matrimonio para que funcionara en una atmósfera de pureza. En tanto que los cónyuges no pequen uno contra el otro, se podrán sentir cómodos exponiéndose mutuamente de manera total, física, emocional y espiritualmente. Cuando un cónyuge daña al otro, el que fue herido reaccionará tratando de proteger sus sentimientos y diferencias.

La solución es que el cónyuge que pecó y ofendió, pida perdón y empiece a hacer cambios para restaurar la confianza. Cuando eso se lleva a cabo y la pureza ha sido restaurada, los dos pueden ser abiertos el uno con el otro una vez más.

6 Aplíquelo

Antes de su tiempo juntos, repase el capítulo seis de *Matrimonio sobre la Roca...*

Comiencen orando el uno por el otro, y usando la técnica de hablar – aprender de la sesión tres; compartan el uno con el otro lo siguiente:

- Algo que su cónyuge hace que le incita a esconderse (protegerse).

- ¿Qué cree que pueden hacer usted y su cónyuge para mejorar la situación?

Ahora haga una lista personal de las áreas en las que no ha sido totalmente honesto con su pareja. Repase los pasos para restaurar la pureza en su matrimonio y lea otra vez los versículos de la Biblia en los que están basados. Los pasos se mencionan a continuación:

- Responsabilícese por su propio comportamiento. (Romanos 6:23)

- No responda al pecado con otro pecado. (Lucas 6:27-36)

- Admita sus fallas. (1 Juan 1:9, Santiago 4:6 y 5:16)

- Libere a su cónyuge de juicio personal y rinda su derecho a la venganza o al castigo a través del perdón. (Mateo 6:14-15, Hebreos 12:15)

Esposos, tomen las manos de sus esposas y comprométanse con ellas en voz audible a proveer una atmósfera de pureza y seguridad.
Esposas, hagan el mismo compromiso con sus esposos.

Para la próxima semana, lea los capítulos siete y trece de *Matrimonio sobre la Roca.*

Sesión ocho

LAS CUATRO NECESIDADES BÁSICAS DEL HOMBRE

Un hombre necesita honor y respeto, satisfacción sexual, compañerismo y apoyo en el hogar.

Lectura para esta sesión:
Esta sesión está basada en los capítulos siete y trece de *Matrimonio sobre la Roca.*

Repaso
¿Cómo ha cambiado la atmósfera de pureza y confianza en su matrimonio en la última semana?

¡Experimente el cambio!

En la siguiente gráfica, llene las áreas donde usted y su cónyuge difieren. Formule sus respuestas con lenguaje positivo. Ser diferentes no significa que uno está bien y el otro mal, sino que cada persona es única.

ÁREA	ELLA	ÉL
Acercamiento a la intimidad física		
Estilo de comunicación		
Preferencias recreativas		
Apoyo en la casa		

2 Descubriendo la verdad

Lea Efesios 5:22-33, cuidadosamente.

De acuerdo al versículo 33:

1. ¿Qué requiere Dios de los esposos?

2. ¿Qué requiere Dios de las esposas?

3. Muchas personas se resisten a hacer cambios en sus propias vidas, cambios que a su vez impactarán sus matrimonios de manera positiva. Algunas veces las personas no quieren ser las primeras en empezar a hacer cambios porque tienen miedo de ser rechazadas o temen que su cónyuge tome ventaja y se vuelvan vulnerables. Otra razón por la que la gente se resiste a cambiar su comportamiento es porque han sido fuertemente influenciadas por el mundo y tienen una visión pervertida de los roles matrimoniales. Con frecuencia es simplemente porque no creen que los principios bíblicos realmente funcionen.

   - ¿Cuál sería el resultado de alguien que se rehúsa a hacer cambios necesarios en la manera de responder a su cónyuge?

4. Para muchas personas es difícil comprender el hecho de que hay diferencias básicas, creadas por Dios, entre el hombre y la mujer, diferencias que tienen como resultado que ambos sexos tengan distintos comportamientos y necesidades. Como resultado, muchas personas toman tiempo tratando de cambiar a sus cónyuges en vez de aceptar la manera como Dios los creó y enfocarse en mejorar su relación matrimonial.

   - ¿Cuál sería un ejemplo de una diferencia creada por Dios entre hombres y mujeres?

5. Otro reto para mantener una relación saludable es no caer en el error de traducir las necesidades de su cónyuge en su propio lenguaje o manera de comunicarse. Por ejemplo, cuando una esposa dice que quiere recibir afecto, su esposo tal vez piense que quiere tener sexo. De la misma manera, cuando el esposo dice que quiere tener sexo, su esposa tal vez piensa que lo que necesita es afecto no sexual.

   - ¿Cómo afecta a la relación matrimonial una interpretación incorrecta de la necesidad de un cónyuge?

6. Lo que necesitan los hombres y las mujeres en su relación como pareja es muy diferente. En esta sesión veremos las cuatro necesidades básicas más fuertes que tiene el hombre. La próxima semana nos enfocaremos en las cuatro necesidades más fuertes de la mujer. Todos los hombres,sin importar la personalidad que tengan, tienen cuatro necesidades primordiales que son: honor y respeto, satisfacción sexual, compañerismo y un ambiente agradable que lo apoye en casa. Ser honrado es la necesidad más grande del hombre. En Efesios 5:22 y 33b se habla a la esposa acerca de la necesidad de su esposo de ser honrado y respetado.
   - ¿Cuáles son algunas maneras prácticas en las que una esposa puede demostrar honor y respeto a su esposo?

7. El sexo es una poderosa fuerza en la vida de un hombre, y la esposa es la única fuente legítima provista por Dios para satisfacer las necesidades del esposo. Cuando una esposa rechaza la necesidad de sexo de su esposo, lo está rechazando a él porque su empuje sexual es una parte esencial de quién es él. La esposa debe entender la fuerza y la importancia del apetito y necesidad de sexo.
   - ¿Cómo es que al no satisfacer las necesidades sexuales de su esposo, él queda vulnerable?

8. Una mujer es puesta en contacto con su sexualidad a través de sus emociones, pero un hombre es puesto en contacto con sus emociones a través del sexo. Es importante que una esposa entienda y aceptar la necesidad de su esposo de estimulación física y visual. Una mujer necesita darle a su esposo la satisfacción visual que necesita. A veces puede ser incómodo para la esposa exponerse físicamente.
   - ¿Cuáles podrían ser algunas razones por las que la esposa tenga dificultad en satisfacer la necesidad de estimulación visual de su esposo?

9. Inicialmente, una pareja se enamora pasando un buen tiempo y disfrutando mutuamente su compañía. Un hombre tiene una necesidad continua de esa clase de compañerismo, de que su esposa se siga relacionando con él como su mejor amiga. La esposa necesita hacer un esfuerzo por involucrarse en las actividades recreativas que su esposo disfruta.
   - ¿Cómo se hace más profunda la intimidad al involucrarse en actividades juntos?

10. Una esposa puede suplir la necesidad de su esposo de un ambiente agradable que lo apoye en casa, teniendo un lugar de pertenencia, haciendo de su casa un lugar donde su esposo ame estar. Esto no significa que la esposa tiene que llevar a cabo todas las tareas domésticas, sino que sus instintos por hacer de su casa un hogar necesitan convertirse en una actividad importante.
    - ¿De qué maneras una casa se puede convertir en un hogar?

3 Relacionándonos y comunicándonos

1. Dé un ejemplo de cómo influyó su matrimonio de manera positiva cuando hizo un cambio en usted mismo.

2. ¿Dónde podría encontrar un hombre amor y respeto fuera de la relación matrimonial?

3. ¿Cómo funciona la sumisión de la esposa, tal y como se interpreta en Efesios 5: 22-33, con el amor sacrificado que requiere el esposo en estos versículos?

4. ¿Qué problemas podrían surgir cuando una mujer se compara con otras mujeres, ya sea con amigas o con modelos de revistas?

4 Compartiendo y discutiendo ideas

Encuentre un lugar lejos de las otras parejas para tener privacidad.

1. Tome un momento para reflexionar y escribir las respuestas a las siguientes preguntas:

   - ¿En qué se divertían usted y su esposa cuando eran novios?

   - ¿En qué actividades que hacen ahora disfrutan su compañía mutuamente?

2. Compartan el uno con el otro las respuestas a las preguntas anteriores y escojan una o más actividades que les gustaría volver a hacer.

3. Ore con su cónyuge. Esposas, oren por sus esposos dándole gracias a Dios por ellos. Pida la ayuda de Dios para aprender a amar y a honrar a su cónyuge y a suplir sus necesidades.

4. Antes de irse de la reunión, establezca una hora y un lugar para que, junto a su cónyuge, completen la tarea de la sesión antes de que nos volvamos a reunir.

Nuestro tiempo: ____________________
Fecha y hora: ____________________
Lugar: ____________________

5 Concluyendo

En la medida que la mujer se comprometa a ser la mejor esposa y a suplir a su marido en su necesidad de honra, sexo, compañerismo y apoyo en el hogar, y al mismo tiempo el hombre se comprometa a suplir las necesidades de su esposa, juntos con la ayuda de Dios, pueden comenzar a experimentar el matrimonio soñado.

6 Aplíquelo

Antes de su tiempo juntos, repase los capítulos siete y trece de *Matrimonio sobre la Roca.*

Empiecen orando el uno por el otro y compártanse lo siguiente:

- ¿De qué manera usted y su cónyuge han interpretado las necesidades del otro en su propio lenguaje?

- ¿Cuáles son algunas de las diferencias más notables entre ustedes como hombre y mujer?

- ¿Cómo pueden estas diferencias fortalecerlos como un equipo?

Ahora tomen tiempo para contestar las siguientes preguntas, enfocándose en los cambios que pueden hacer en su comportamiento para tener un resultado positivo en su matrimonio.

Esposos:

1. ¿De qué manera su esposa lo hace sentir honrado y respetado?

2. Recuerde alguna experiencia que tuvieron juntos que realmente suplió sus necesidades sexuales. ¿Cómo podría trabajar con su esposa para recrear ese tipo de experiencia?

Esposas:

1. ¿Qué es lo que usted verdaderamente admira de su esposo? ¿Cómo podría mejorar su manera de comunicárselo?

2. Recuerde alguna experiencia verdaderamente romántica que hayan tenido juntos. Recuerde, ¿qué fue lo que hizo sentir a su esposo que usted realmente se interesaba por suplir sus necesidades sexuales? ¿Cómo podría expresarle eso nuevamente?

Comparta sus respuestas con su cónyuge. Enfóquese en usted mismo, en su propio comportamiento y comprométase a hacer los cambios que necesita para poder tener un matrimonio soñado.

Para la próxima semana, lea el capítulo diez de *Matrimonio sobre la Roca.*

Sesión nueve

LAS CUATRO NECESIDADES BÁSICAS DE LA MUJER

Una mujer necesita seguridad, afecto, comunicación y liderazgo.

Lectura de esta sesión:
Lea el capítulo diez de *Matrimonio sobre la Roca.*

Repaso
Compartan cómo fueron capaces de comunicarse honor mutuamente y tener más romance en su relación.

Una rosa
Mire la flor que el líder trajo. ¿Qué necesita? ¿En qué son similares las necesidades de la flor a lo que una mujer necesita de su esposo para florecer y crecer?

2 Descubriendo la verdad

Así como el hombre tiene necesidades especiales, también la mujer las tiene. Un hombre que ama a su esposa y quiere edificar un buen matrimonio hará su mejor esfuerzo para entender y suplir las necesidades de su cónyuge.

Revisemos Efesios 5:22-33 de nuevo. En esta ocasión nos enfocaremos en los versículos 25-30.

1. Para los hombres, ¿Quién es el ejemplo a seguir en cómo amar a sus esposas?

2. ¿Qué hizo Cristo para mostrar Su amor a la iglesia?

3. Entonces, ¿qué debe hacer un hombre para mostrarle amor a su esposa?

4. A pesar de ser muy difícil de definir, la seguridad es la necesidad más grande de la mujer. Hay cuatro maneras poderosas en las que el hombre puede suplir esta necesidad de seguridad en ella.
   - ¿La primera es un reflejo de la ley de la prioridad: un hombre necesita comunicarle a su esposa que ella es su interés número uno. Él necesita estar completamente comprometido a suplir sus necesidades a pesar de lo que le pueda costar.

   - ¿Qué temores pueden evitar que él tome este nivel de compromiso hacia ella?

   La segunda manera práctica de suplir la necesidad de seguridad es que el esposo le exprese admiración y amor. Necesita elogiar a su esposa todos los días, siendo sincero en lo que le dice. Cada área de la vida de su esposa debería ser elogiada.
   - ¿En qué áreas en la vida de una mujer podría su esposo halagarla y demostrarle que está orgulloso de ella?

   La tercera manera poderosa en la que el esposo puede darle seguridad a su esposa es comunicándole su fidelidad. Lea Mateo 5:28.
   - ¿Qué tipo de actividades debe evitar por completo el hombre para mantener su fidelidad a su esposa?

   Este tipo de compromiso de parte del esposo de tener pureza sexual le dará a la esposa la seguridad que necesita para florecer, a estar con libertad y correspondiendo en la recámara. La fidelidad también requiere que el esposo nunca use la palabra “divorcio” o “separación”. La posibilidad de un divorcio trae verdadera inseguridad a la esposa.
   - ¿Por qué es tan destructivo utilizar la palabra “divorcio”?

La cuarta manera en la que un esposo puede darle seguridad a su esposa es comunicándole su compromiso a proveer financieramente para la familia. Esto involucra oración pidiéndole a Dios su bendición y dirección; buscar con gran perseverancia el mejor trabajo posible; ser un trabajador fiel y diligente y ser un administrador sabio del dinero.

- ¿De qué manera podría un esposo afectar el sentido de seguridad de su esposa con su actitud al trabajo?

5. Otra necesidad en la mujer es recibir demostraciones de afecto sin intenciones de tener sexo. Esto puede ser un gran reto para algunos hombres, pero con frecuencia, cuando suplen esta necesidad en su esposa, ella responde mucho más sexualmente. ¿En qué ejemplos podríamos pensar como para demostrar afecto sin interés sexual?

6. La tercera necesidad de una mujer es tener comunicación abierta y profunda con su esposo. Recuerde la sesión anterior en la que hablamos de comunicación. Describa cómo un esposo puede tener comunicación abierta con su esposa.

7. La última necesidad profunda de la mujer es de liderazgo. El rol del esposo como líder en el hogar en ocasiones es malentendido y ha sido abusado por los hombres en el pasado. Lea de nuevo Efesios 5:25-30. La clase de liderazgo que una mujer quiere de su esposo es de sacrifico, un líder siervo, cuya prioridad sea levantar y edificar a su esposa. Este tipo de liderazgo de un esposo guía de manera natural a la esposa a una sumisión de confianza. ¿En qué áreas de la vida necesita el esposo demostrar liderazgo?

3 Relacionándonos y comunicándonos

1. Dé un ejemplo de alguna ocasión en la que un sentimiento de seguridad impactó su vida. Pudiera ser una situación de trabajo, en su matrimonio, o en su vida cristiana.

2. ¿Cómo es que con demostraciones de afecto no-sexual la esposa se siente más amada?

3. ¿De qué manera una pareja puede establecer una buena comunicación en su interactuar de cada día?

4. ¿Cuáles son los peligros de volverse dominante en el liderazgo de la familia? ¿Cuáles son los beneficios de un liderazgo de sacrificio?

4 Compartiendo y discutiendo ideas

Encuentre un lugar lejos de las otras parejas para tener privacidad.

1. Tome un momento para reflexionar y escribir las respuestas a las siguientes preguntas:
   - ¿Qué demostraciones de afecto, sin fines sexuales, puede añadir a su relación?

   - ¿Cómo puede alcanzar un mayor sentido de seguridad en su matrimonio?

2. Comparta sus respuestas anteriores, y comprométase a implementar algunas de las ideas expuestas.

3. Ore con su pareja. Sería especialmente poderoso que el esposo ore por su esposa, pidiéndole a Dios su ayuda para entender mejor las necesidades de ella y suplirlas.

4. Antes de irse de esta reunión, establezca una hora y un lugar para que, junto a su cónyuge, hagan la tarea de la sesión antes de que nos volvamos a reunir.

Nuestro tiempo: ____________________
Fecha y hora: ____________________
Lugar: ____________________

5 Concluyendo

Piense de nuevo en la flor que examinó antes. Una flor puede traer bendición y gozo a un hogar, al igual que una mujer cuyas necesidades han sido suplidas por su esposo. Esposos y esposas, ambos necesitan entender lo que una mujer necesita para crecer y florecer.

6 Aplíquelo

Antes de su tiempo juntos, repase el capítulo diez de *Matrimonio sobre la Roca.*

Empiecen orando juntos y compartiendo mutuamente lo siguiente:

- ¿Qué cosas creen que están haciendo bien como pareja de lo mencionado en Efesios 5:22-33?

- ¿Cuál de las cuatro necesidades de la mujer pudiera ser mejor atendida en su matrimonio?

- Ahora tome tiempo para idear maneras en las que estas necesidades puedan ser mejor suplidas en su matrimonio.

Esposas:

1. ¿Qué ha hecho su esposo que realmente la haya hecho sentir segura y amada? ¿Cómo pudiera hacerla sentir más segura y amada?

2. ¿Cómo demuestra su esposo un liderazgo de sacrificio en su matrimonio? ¿En qué áreas le gustaría verlo tomar más liderazgo?

Esposos:

1. ¿De qué manera ha visto usted que está haciendo un buen trabajo proveyendo a su familia?

2. ¿De qué maneras ha suplido la necesidad de su esposa de recibir afecto no-sexual? ¿Qué muestras de afecto no – sexual está dispuesto a empezar a tener para expresarle a su esposa que la ama?

Compartan mutuamente sus respuestas. Enfóquense en su propio comportamiento y comprométanse a suplir sus necesidades el uno al otro.

Para la próxima semana, lea el capítulo dieciocho de *Matrimonio sobre la Roca.*

Sesión diez

PRINCIPIOS PARA EL ÉXITO FINANCIERO

Trabajando juntos y tomando decisiones sabias, una pareja puede administrar su dinero eficazmente y fortalecer su matrimonio en el proceso.

Lectura para esta sesión:
Esta sesión está basada en el capítulo dieciocho de *Matrimonio sobre la Roca.*

Repaso
Comparta algunas maneras en la que usted haya suplido las necesidades de su esposa esta semana.

¿A dónde se va?

Como pareja, determinen qué porcentaje de su ingreso mensual se gasta en cada una de las categorías mencionadas a continuación. El porcentaje total para todas las categorías no debe exceder el 100%.

Comida	________%	Ahorros	________%
Vivienda	________%	Impuestos	________%
Transporte	________%	Médicos	________%
Diezmo	________%	Ropa	________%
Deudas	________%	Entretenimiento	________%
Seguros	________%	Varios	________%

Un gran porcentaje de personas que se divorcian, mencionan que el conflicto sobre el dinero fue la causa principal de su rompimiento. Es crucial que las parejas aprendan a manejar el dinero con eficacia. Dios da claramente muchos principios en su Palabra en cuanto a nuestras actitudes hacia el dinero.

1. Lea el Salmo 24:1. ¿Qué principio encuentra usted ahí?

2. Lea Malaquías 3:8-12. Esto habla del principio de diezmar. ¿Qué es lo que ilustra en cuanto a las bendiciones de Dios si determinamos retener la cantidad de dinero que tenemos?

3. Otro principio bíblico se encuentra en 1 Timoteo 6:8-10. Lea este pasaje. ¿Qué significa tener contentamiento?

4. Hay cuatro áreas de peligro que las parejas enfrentan cuando se trata de dinero. Estas áreas son: Falta de respeto por el ingreso económico de su cónyuge. Dominio de uno de los cónyuges en las decisiones financieras. Desacuerdos acerca del manejo de los recursos, y por último, las deudas. En casi todos los matrimonios cada cónyuge tiende a ver el dinero de manera diferente. Kenneth Doyle[1], un psicólogo financiero, ha identificado cuatro "lenguajes monetarios". El primero de estos cuatro es el "conductor" quien equipara el dinero con el éxito. A menos que los "conductores" sean exitosos financieramente, no se sienten triunfadores en la vida. Después sigue el "analítico", quien equipara el dinero con la seguridad. Cuando los "analíticos" tienen ahorros y presupuesto, se aferran a ellos y se sienten seguros. El tercero es el "afable", que equipara el dinero con el amor. Los "afables" ven el dinero como un medio para mostrar amor y cuidado. Finalmente, está el "expresivo", quien equipara el dinero con la aceptación y el respeto. Aquellos que hablan el lenguaje de los "expresivos", ven las finanzas como un medio para obtener respeto de otros. ¿Cómo puede influenciar negativamente a una pareja el hecho de que cada uno tenga diferente lenguaje monetario en el respeto que ambos se tengan por sus respectivos ingresos?

1. Kenneth O. Doyle, *The Social Meaning of Money and Property;* In Search of a Talisman, 1999 SAGE

5. Otra área de peligro en las finanzas para las parejas es la del dominio financiero. Muy rara vez hay una verdadera razón para que un cónyuge deba controlar independientemente el dinero. Las parejas necesitan aprender a comunicarse confianza y a cooperar juntos en las finanzas. ¿Qué actitudes impiden que las parejas trabajen juntas en el área de las finanzas?

6. La tercera área de peligro para las parejas son los desacuerdos en cuanto al manejo de sus recursos. Estos desacuerdos se pueden reducir al máximo teniendo un presupuesto. Los presupuestos ayudan a tomar decisiones financieras por adelantado, forzándoles a discutir y acordar en cuanto a valores, prioridades y preferencias personales en las finanzas. El hecho de presupuestar da una base para responsabilizarse. El conflicto es mucho más manejable con un presupuesto, debido a que usted está proactivo en vez de simplemente reaccionar. ¿Cuáles son los pasos para hacer un presupuesto?

7. Finalmente, las deudas son un gran peligro para las finanzas de un matrimonio. Es vital que cada pareja viva dentro de sus recursos y pueda ahorrar algo de dinero cada mes. Algunas veces habrá que bajar el nivel de gastos para poder pagar una deuda. Los préstamos deberán ser reservados para aquellas cosas que se plusvalizan, como los bienes inmuebles, y no para aquellas cosas que se devalúan, como los carros. En situaciones difíciles, busquen consejería para las finanzas. Ahora hay muchas organizaciones que ofrecen programas para ayudar a las familias a planificar cómo salir de sus deudas. ¿Por qué tantas parejas se meten en problemas adquiriendo deudas?

3 Relacionándonos y comunicándonos

1. Dé un ejemplo de alguna ocasión en la que Dios haya traído bendición a su vida por haber sido generoso en su dar.

2. ¿En qué áreas de su vida está experimentando el contentamiento?

3. ¿Cuál cree que pudiera ser su lenguaje financiero?

4. ¿Cómo es que un presupuesto elimina conflictos en el matrimonio?

4 Compartiendo y discutiendo ideas

Encuentre un lugar lejos de las otras parejas para tener privacidad.

1. Tome un momento para reflexionar y contestar las siguientes preguntas:

   - Mencione alguna ocasión en la que se haya divertido con su pareja sin gastar dinero.

   - ¿Cómo piensa que usted y su cónyuge están manejando su dinero y cómo cree que están tomando las decisiones financieras?

2. Compartan las respuestas de las preguntas anteriores y comprométanse a mejorar el área de finanzas de su matrimonio.

3. Ore con su cónyuge *Al que es el dueño del ganado en los cerros.* Pídale a Dios que lo guíe a honrarlo con sus finanzas y que lo libere de preocupación y estrés en esta área.

4. Antes de irse de la reunión, establezca una hora y un lugar para que, junto a su cónyuge, hagan la tarea de la sesión antes de volvernos a reunir.

Nuestro tiempo: ____________________
Fecha y hora: ____________________
Lugar: ____________________

5 Concluyendo

Hay cuatro fundamentos para el éxito financiero en un matrimonio: honren y respétense en sus diferencias y perspectivas; tomen todas las decisiones financieras de común acuerdo; oren por sus finanzas juntos; planeen un presupuesto anual y tengan metas a largo plazo, incluyendo el ser cuidadosos con las deudas y vivir dentro de sus recursos.

6 Aplíquelo

Antes de su tiempo juntos, repase el capítulo dieciocho de *Matrimonio sobre la Roca.*

Comiencen orando el uno por el otro y compartiendo las respuestas a las siguientes preguntas:

- ¿Cuál de los "lenguajes monetarios" cree que es el suyo y cuáles cree que son sus fortalezas y debilidades?

- ¿Cree que está cargando alguna deuda en su matrimonio que no debería? ¿Qué puede hacer para reducir la carga de la deuda?

Ahora tome tiempo para decidir cuidadosamente lo siguiente:

1. Tome una hoja de papel y escriba dos porcentajes (uno cada cónyuge) para indicar el balance de control de sus finanzas. Si uno de los cónyuges tiene completo control, los porcentajes serían 100% y 0%.

2. En su matrimonio, ¿cómo ha influenciado positiva o negativamente el balance de control sobre sus finanzas la relación de uno con el otro?"

Compartan sus respuestas. Decidan hacer algunos cambios que puedan llevar a cabo para mejorar su situación financiera.

Para la próxima semana, lea el capítulo veinte de *Matrimonio sobre la Roca.*

Sesión once

LA SATISFACCIÓN SEXUAL EN EL MATRIMONIO

Dios creó el sexo para deleite y placer en el matrimonio a lo largo de toda la vida.

Lectura para esta sesión:
Esta sesión está basada en el capítulo veinte de *Matrimonio sobre la Roca.*

Repaso
Comparta qué cambios está haciendo en el área de las finanzas.

1 Empecemos

La seguridad del fuego
Piense en los beneficios que recibimos del fuego cuando está bajo control, como el calor y la luz. Ahora imagínese los efectos devastadores de un fuego embravecido y fuera de control. La sexualidad es semejante al fuego. Cuando seguimos la dirección que Dios ha establecido para el sexo, experimentamos niveles profundos de intimidad, comunicación y satisfacción. Sin embargo, si el sexo se sale de los parámetros que Dios nos dio, trae destrucción y muerte.

2 Descubriendo la verdad

El sexo es idea de Dios y un regalo que Él da a las parejas casadas. No es como algunos piensan, inherentemente "sucio". Sin embargo, el sexo satisfactorio sólo se encuentra dentro de los parámetros de Dios.

1. Cuando usted le da un regalo a alguien, ¿cómo se siente cuando ve que esa persona aprecia y disfruta el regalo?

2. De la misma manera que usted se place viendo que alguien disfruta un regalo que usted le dio, así Dios quiere que las parejas casadas disfruten dándose mutuamente el regalo del sexo. Dios ha establecido parámetros bíblicos para proteger el diseño que Él creó para disfrutar el sexo.

Estas son siete prácticas sexuales que Dios prohíbe:

- Sexo fuera del matrimonio; adulterio, fornicación.
- Relaciones sexuales con un miembro del mismo sexo: homosexualidad.
- Relaciones sexuales con un miembro de su familia: incesto.
- Relaciones sexuales con animales: bestialidad o zoofilia.
- Fantasías sexuales o deseos por alguien que no sea su cónyuge, que equivale a adulterio ante los ojos de Dios; pornografía de cualquier clase, así como llevar a cabo mentalmente fantasías lujuriosas con personas reales o imaginarias.
- Sexo que encuentra placer en el dolor y la violencia: violación, sadomasoquismo, brutalidad.
- Sexo que involucra partes del cuerpo que no fueron diseñadas por Dios para el coito: sodomía, sexo anal.

Eso es todo. Más allá de estos parámetros necesitamos apoyarnos confiadamente en el principio que se encuentra en 1 de Corintios 10:23. ¿Cómo puede aplicarse este principio a la sexualidad en el matrimonio?

3. Desafortunadamente, el proceso para llegar a alcanzar la clase de satisfacción y placer que Dios diseñó puede ser frustrante. Dios creó al hombre y a la mujer inmensamente diferentes en diseño y reacciones sexuales.

   Hasta que una pareja acepte y afirme estas diferencias y se comprometa de manera sacrificada a suplir las necesidades sexuales de su cónyuge, la meta de una vida sexual maravillosa será difícil de alcanzar. ¿Cuáles son algunas de las diferencias de diseño y reacciones sexuales entre el hombre y la mujer?

4. Una de las diferencias que causa dificultades frecuentemente en las parejas es que el hombre es estimulado visualmente y la mujer es estimulada emocionalmente. Además, el hombre se excita más pronto, y rápidamente está listo para el sexo, mientras que la mujer necesita tiempo y conexión emocional para estar lista. Se ha dicho que en el área del despertar sexual, los hombres son como hornos de microondas y las mujeres como vasijas de barro. ¿Qué problemas causaría en una pareja la falta de entendimiento de esto?

5. Otra diferencia es que el hombre tiende a fragmentar mentalmente el sexo de otras áreas de su vida, mientras que la mujer integra el sexo con toda la vida. Para ilustrar esto, las mujeres usualmente no pueden separar lo que sucedió en el desayuno esta mañana del sexo de esta noche. Sin embargo un hombre puede llegar a su casa después del peor de los días, sabiendo que mañana será el fin del mundo, y aún así es capaz de poner toda su atención en el sexo. ¿Cuál sería un buen ejemplo de cómo el hombre fragmenta mentalmente su vida?

6. Los hombres prefieren más estimulación sexual directa, mientras que las mujeres desean caricias no – sexuales y estimulación sexual directa limitada. En relación cercana a esta diferencia un hombre ve el sexo como un suceso, y la mujer lo ve como una expresión de la relación. ¿Qué debería hacer un esposo para suplir las necesidades de su esposa y qué debería hacer una esposa para suplir las de su esposo?

7. Finalmente, es importante recordar que la estimulación sexual causa que los hombres respondan más emocionalmente. Las mujeres, sin embargo, responden sexualmente cuando hay conexión emocional. ¿Qué podría hacer un esposo para desarrollar una conexión emocional con su esposa? ¿Qué podría hacer una esposa para ayudarle a su esposo a identificar sus propias emociones?

8. Aún cuando los cónyuges estén educados en cuanto a las diferencias en el comportamiento sexual, todavía puede haber barreras para lograr la satisfacción sexual. La primer barrera es cualquier tipo de pornografía, suave, dura, impresa, por internet o video. Los productos de la industria del sexo animan a los hombres a usar a sus esposas en vez de amarlas. La pornografía también lleva al hombre a satisfacer egoístamente sus propias lascivias, en vez de suplir las necesidades de su esposa sin egoísmo. ¿Por qué cree usted que la pornografía es un problema tan extendido entre los hombres en nuestra cultura?

9. La otra gran barrera para la satisfacción sexual es el gran impacto negativo del abuso sexual. Hay algunos estudios que indican que el cincuenta por ciento de las mujeres han sido abusadas sexualmente en alguna forma. Aunque cada mujer trata con el abuso que sufrió de manera diferente, todas las mujeres deben tratar con el pasado para que puedan vivir exitosamente en el presente. El abuso afecta negativamente la sexualidad de cada persona que lo ha sufrido. ¿Qué emociones o situaciones podrían evitar que una mujer se abra a recibir sanidad del abuso que sufrió?

10. Otra dificultad que obstaculiza la satisfacción sexual es la culpa del pasado. La culpa puede tener su origen en acciones pasadas como experiencias sexuales o aborto. La clave para sanar estas heridas es recordar que no hay pecado que la sangre de Cristo no pueda limpiar. Aceptar la gracia perdonadora de Dios puede traer gran libertad en la sexualidad.

3 Relacionándonos y comunicándonos

1. ¿Por qué prohíbe Dios ciertas actividades sexuales?

2. ¿Cuál de las muchas diferencias en el comportamiento sexual cree que es la más impactante y por qué?

3. ¿Está usted conciente de que hay recursos y sistemas de apoyo disponibles para ayudar a los hombres a vencer cuestiones relacionadas con pornografía?

4. ¿Está usted conciente de que hay recursos y sistemas de apoyo disponibles para ayudar a las mujeres a vencer los devastadores efectos del abuso sexual?

* Una lista sugerida de recursos y sistemas de apoyo están disponibles en la página 95.

4 Compartiendo y discutiendo ideas

Encuentre un lugar lejos de las otras parejas para tener privacidad.

1. Tome un momento para reflexionar y contestar las siguientes preguntas:

   - ¿Cuál de las diferencias generales en el comportamiento sexual ve en usted y en su cónyuge?

   - ¿Qué es lo que más disfrutó en su luna de miel?

2. Comparta las respuestas a las preguntas anteriores con su cónyuge. ¿Qué comportamientos en especial está dispuesto a cambiar para suplir mejor las necesidades sexuales de su cónyuge?

3. Ore con su cónyuge, dándole gracias a Dios por su regalo grandioso del sexo. Pídale que lo guíe a satisfacer sin egoísmo a su pareja.

4. Antes de irse de la reunión, establezca una hora y un lugar para que, junto a su cónyuge, hagan la tarea de la sesión antes de que nos volvamos a reunir.

Nuestro tiempo: ____________________

Fecha y hora: ____________________

Lugar: ____________________

5 Concluyendo

Dentro de los parámetros del matrimonio tenemos una libertad extensa para explorar y disfrutar la intimidad sexual, pero la travesía es una senda de fe, gracia y servicio a nuestro cónyuge. Dentro de las reglas ¡diviértase!

6 Aplíquelo

Antes de su tiempo juntos, repasen el capítulo veinte de *Matrimonio sobre la Roca.*

Empiecen orando juntos y compartiéndose mutuamente lo siguiente:

- ¿Qué le atrajo de su pareja y qué es lo que lo “enciende”?

- ¿Qué percepción y entendimiento ha adquirido de este estudio en cuanto a las necesidades sexuales de su cónyuge?

Ahora tome un tiempo para decidir lo siguiente:

1. ¿Cuándo se siente realmente libre para disfrutar el sexo?

2. En una hoja de papel, planee una noche romántica con su pareja. Trate de hacer el plan lo más detalladamente posible. Incluya la cena, o lo que quiera hacer. Trate de pensar más allá de lo que normalmente hacen en una noche juntos. Luego extienda el romance con una noche de diversión sexual, ya sea en la casa o en un hotel. Planee sus actividades íntimas favoritas.

Compartan sus respuestas y planes. La clave aquí es unir los planes y escoger una fecha cercana para llevar a cabo el plan.

Para la próxima semana, miren las fotos de su boda para refrescar la memoria de cuando hicieron sus votos.

Sesión doce

RENOVACIÓN DE VOTOS

Esta noche es una renovación del compromiso entre ambos y para el éxito de su matrimonio.

Repaso
Tome tiempo platicando acerca de los planes que hizo para su velada romántica.

Empecemos

Cena o postre
Enfóquese en tener comunicación íntima con su cónyuge y en disfrutar su compañía.

Concluyendo

Éste es un momento para recordar. Esto es por lo que ustedes han estado trabajando durante las pasadas once sesiones. Esta renovación representa un nuevo comienzo y un reconocimiento de que su matrimonio es importante y es un verdadero pacto.

6 Aplíquelo

Repita estos votos a su cónyuge conforme el líder los dice.

VOTOS DE PACTO

Esposos:

- Yo me rindo al alto llamado de ser tu esposo de pacto.
- Dios te ha dado a mí como un precioso regalo, y yo te recibo.
- Yo te voy a amar, a sustentar, y a tratar con ternura y cuidado, con mis palabras y con mis acciones.
- Te serviré y guiaré con humildad, tratándote con respeto, como mi igual.
- Voy a ser sensible a ti, como lo sería con mi propio cuerpo y, diligentemente, proveeré para ti.
- Voy a suplir tus necesidades y las necesidades de nuestra familia sacrificadamente, de acuerdo al modelo de Jesucristo.
- Me comprometo a tener pureza sexual y a guardarme solamente para ti todos los días que ambos vivamos.
- Yo renuncio a mis derechos egoístas y asumo mis responsabilidades completas.
- Te amaré hasta que la muerte nos separe, a pesar de cualquier circunstancia o emociones, haciéndole frente a cualquier persona o fuerza que intente dividirnos.
- No alejaré mi corazón de ti ni por enojo, o tiempos difíciles, pereza, distracción por otras necesidades, deseos o cualquier otra cosa.
- Voy a trabajar en nuestro matrimonio y buscaré crecer como esposo y como hombre de Dios.
- Con Dios como testigo, hago mi voto de ser tu esposo de pacto.

Esposas:

- Yo me rindo al alto llamado de ser tu esposa de pacto.
- Dios te ha dado a mí como un precioso regalo, y yo te recibo.
- Yo te voy a amar, a sustentar, y a tratar con ternura y cuidado, con mis palabras y con mis acciones.
- Te serviré y guiaré con humildad, tratándote con respeto, como mi igual.
- Voy a ser sensible a ti, como lo sería con mi propio cuerpo y, diligentemente, proveeré para ti.
- Voy a suplir tus necesidades y las necesidades de nuestra familia sacrificadamente, de acuerdo al modelo de JesuCristo.
- Me comprometo a tener pureza sexual y a guardarme solamente para ti todos los días que ambos vivamos.
- Yo renuncio a mis derechos egoístas y asumo mis responsabilidades completas.
- Te amaré hasta que la muerte nos separe, a pesar de cualquier circunstancia o emociones, haciéndole frente a cualquier persona o fuerza que intente dividirnos.
- No alejaré mi corazón de ti ni por enojo, o tiempos difíciles, pereza, distracción por otras necesidades, deseos o cualquier otra cosa.
- Voy a trabajar en nuestro matrimonio y buscaré crecer como esposa y como mujer de Dios.
- Con Dios como testigo, hago mi voto de ser tu esposa de pacto.

CONCLUSIÓN

Para cerrar, quiero compartir otras tres cosas con ustedes, las cosas que siempre les digo a las personas que completan el curso de *Matrimonio sobre la Roca.*

Primero, esperen ataque del enemigo. Jesús dijo en Juan 10 LBLA, "El ladrón sólo viene para robar y matar y destruir". Satanás es el ladrón y no quiere que su matrimonio triunfe, y va a hacer todo lo que pueda para dañarlo. Cuando usted está trabajando en su matrimonio, el diablo se da cuenta...

¡pero Dios también! Es importante confiar en el Señor: "Mayor es el que está en usted, que el que está en el mundo" (1 Juan 4:4 LBLA). Su familia tiene un futuro grandioso porque usted es precioso para Dios.

Mi segundo consejo es que se enfoque en usted mismo. Puede ser difícil oír consejo matrimonial sin poner atención a lo que su cónyuge debería estar haciendo. Algunas personas toman la clase y dicen: "Mi amor, ¿oíste lo que dijeron que deberías hacer?

La verdadera pregunta debería ser: ¿En qué necesito cambiar yo para mejorar nuestro matrimonio? Entienda que Dios honrará el compromiso que usted haga. No use este material para acusar a su cónyuge, úselo para crecer. Sea el primero en hacer lo correcto. Usted puede obtener la atención de su pareja siendo el que siga el plan de Dios para el matrimonio.

Eso nos trae al tercer y último punto. Persevere, nunca se rinda, nunca se entregue (al enemigo). Si continúa haciendo lo correcto, Dios lo va a honrar. Tal vez pase por tiempos de desánimo donde no vea ningún cambio, pero Dios tocará el corazón de su cónyuge cuando usted le honre a Él con sus acciones. Si renuncia, el problema no se irá, simplemente se postergará o se incrementará.

Aplique los principios de este libro y estará en el camino de construir su matrimonio sobre la Roca.

Oración de cierre

Señor, yo te pido que cada persona que lleve a cabo este estudio y lea estos materiales, aplique los principios aprendidos en su propia vida y en su matrimonio. Yo oro que cada persona tomará estos principios y los usará apropiadamente. Permite que el deseo de construir un matrimonio fuerte guíe a los esposos y esposas a trabajar juntos en humildad, sacrificio y amor. Señor, yo te pido que los matrimonios sean sanados y fortalecidos y que Tú seas glorificado.

¡Que Dios les bendiga abundantemente!

Jimmy Evans

Permanezca en contacto

Pase su cuaderno de trabajo alrededor del salón, y pida a cada pareja que escriban sus nombres, número de teléfono y correo electrónico.

NOMBRE	TELÉFONO	E-MAIL

Notas para los líderes

Estas notas han sido hechas para ayudar a los líderes de grupo a preparar cada sesión. Las secciones dentro de las notas para los líderes son las siguientes:

Objetivos
El propósito de esta sección es ayudarle a enfocarse en los asuntos que se presentarán en cada sesión.

Notas y consejos
Esta sección traerá comentarios generales acerca de la sesión, incluyendo una lista de materiales que necesitará. Tal vez quiera hacer una lista de estos materiales antes de cada sesión junto con una lista de lo que espera alcanzar al final de la misma.

Comentario
En esta sección se incluyen notas relacionadas específicamente a las preguntas de "***Descubriendo una verdad***" y "***Relacionándonos y comunicándonos***" No todas las preguntas tendrán notas. Las preguntas con comentarios relacionados están designadas por números.

Sesión uno

EL ASUNTO MÁS IMPORTANTE EN EL MATRIMONIO

Objetivos

- Entender las cuatro necesidades básicas de todos los humanos.
- Aprender que estas necesidades solamente pueden ser suplidas por medio de una relación personal con Jesucristo.
- Darse cuenta de que un cónyuge no puede suplir estas cuatro necesidades básicas.
- Examinar las dificultades que se crean cuando se espera que uno de los cónyuges supla estas necesidades.

Notas y consejos

1. Asegúrese de haber leído los compromisos del grupo que se encuentran en la página 9.
2. Cada pareja necesitará un libro de "Matrimonio sobre la Roca" y un "Cuaderno de Trabajo para Grupos Pequeños", del mismo libro. Lo ideal es que cada persona tenga su Cuaderno de Trabajo, ya que algunas actividades están diseñadas para responder individualmente, pero si esto no fuera posible, se puede sustituir el segundo Cuaderno de Trabajo por uno normal, o bien, por hojas de papel. Tal vez también quiera tener Biblias extras y bolígrafos o lápices.
3. Por ser esta la primera sesión, haga un gran énfasis en la importancia de establecer un lugar y hora especial para hacer sus tareas. Mencione que rendirán cuentas de su tarea al principio de la siguiente reunión.

Comentario

Aquí hay información adicional en cuanto a algunas preguntas de las secciones ***"Descubriendo una verdad"*** y ***"Relacionándonos y comunicándonos"***. Los números siguientes corresponden a las preguntas del mismo número. Si usted comparte cualquiera de estos puntos, asegúrese de hacerlo de manera que no desanime la participación de otras personas, dando la impresión de que usted es el único que tiene las respuestas correctas.

1. Empiece su comentario diciendo cosas como: "Una cosa que veo en este pasaje es...." o "Yo creo que otra razón para esto es...." No están incluidas notas para cada pregunta. Muchas de las preguntas en este estudio están diseñadas para que los miembros del grupo hagan reflexiones de sus propias opiniones y experiencias.

2. La aceptación es saber que uno es amado y necesitado por otros. La identidad es saber que soy una persona especial e importante. La seguridad es saber que estamos bien protegidos y que tenemos la provisión que necesitamos. El propósito es saber que tenemos una razón para vivir.

3. Éstas son las respuestas más comunes: usted mismo, su cónyuge, amigos, hijos, trabajo, carrera, la iglesia o los pastores, los padres, el dinero o las posesiones materiales.

4.

a) Su seguridad interna depende de personas o cosas que usted no puede predecir o controlar y cuyos recursos y habilidades para suplir sus necesidades son limitadas.
b) Su capacidad de dar depende de lo que usted reciba de otros.
c) Su vida está rodeada de una atmósfera de frustración y desilusión.
d) Sus expectativas irreales de otros crean un ambiente de tensión en sus relaciones.

5.

a) Su seguridad interna y su fortaleza dependen de Dios y Él es absolutamente fiel y tiene recursos ilimitados.
b) Su capacidad para dar fluye de un recurso interior disponible en todo tiempo: el Espíritu Santo.
c) Su vida será rodeada de un ambiente de bendición, satisfacción y optimismo.
d) Sus expectativas realistas de otros lo llevarán a estar más cerca de ellos.

Sesión dos

RELACIÓN DE PACTO

Objetivos

- Saber lo que es un pacto es fundamental para entender la visión de Dios del matrimonio y eso conformará la respuesta que demos a nuestra relación matrimonial.
- Identificar las características esenciales de un pacto.
- Aplicar los principios del pacto a su matrimonio para poner el fundamento y construir una relación más profunda y satisfactoria.

Notas y consejos

1. Necesitará plastilina azul y rosado, suficiente para que cada pareja tenga un pedazo de cada color.
2. Si le fuera posible, tenga unas calculadoras a la mano para que las parejas calculen el número de horas en una semana.

Comentario

Es importante darse cuenta de que Jesús renunció a su derecho de estar a la diestra del Padre para tomar la responsabilidad de hacernos a nosotros como Él. Las parejas necesitan ver que, debido a que su matrimonio es una relación de pacto, ellos también necesitan renunciar a sus derechos y tomar la responsabilidad de suplir las necesidades de sus cónyuges.

Sesión tres

PRINCIPIOS PARA TENER UNA COMUNICACIÓN POSITIVA

Objetivos

- Aprender lo que dice la Biblia en cuanto al poder de la lengua.
- Entender el principio de sembrar y cosechar comunicación positiva y negativa.
- Identificar las semillas positivas y negativas de comunicación en el matrimonio.
- Practicar la técnica de comunicación de hablar /aprender.

Notas y consejos

1. El líder necesitará llevar varios tipos de semillas para que se usen en la clase. Puede llevar semillas de calabaza, tomate, maíz, y patilla. Puede usar diferentes variedades de semillas siempre y cuando se distingan con facilidad.

Sesión cuatro

LA LEY DE LA PRIORIDAD

Objetivos

- Aprender el modelo bíblico de la ley de la prioridad de Dios y su importancia en la relación matrimonial.
- Entender la bendición de tener las prioridades correctas.
- Evaluar las prioridades de la vida.

Notas y consejos

1. Esta sesión trata la primera de las cuatro leyes del matrimonio. Todas están basadas en Génesis 2:24-25. Ayudar a las parejas a entender que sus cónyuges deben ser su primer prioridad terrenal, y que eso deben comunicárselo mutuamente, no sólo con palabras, sino con acciones prácticas.

Comentario

1. Este versículo está divido en las siguientes partes: "Por eso el hombre deja a su padre y a su madre," "...y se une a su mujer", "...y los dos se funden en un solo ser," "En ese tiempo el hombre y la mujer estaban desnudos, pero ninguno de los dos sentía vergüenza"NVI.

Sesión cinco

LA LEY DEL SEGUIMIENTO

Objetivos

- Darse cuenta de la necesidad tan grande de ir el uno tras el otro después del matrimonio.
- Aprender los pasos para renovar la pasión y eliminar el conformismo.
- Identificar mejores maneras de ir el uno tras el otro.

Notas y consejos

1. Haga que la actividad de inicio sea ligera y divertida. Esto va a propiciar un ambiente que ayudaráa que la lección entera se enfoque en los sentimientos positivos que tuvieron al principio de la relación.

Comentario

1. La conclusión equivocada sería: "Si yo tengo que trabajar en la relación, es porque debo haberme casado con la persona equivocada".
2. Otros mitos podrían ser: "Si mis sentimientos por mi cónyuge han cambiado, debo haberme casado con la persona equivocada". "El pasto es más verde al otro lado de la valla", y "Si hago algo lindo para mi cónyuge hoy, no tendré que hacer algo lindo mañana".
3. El segundo paso es arrepentirse.
4. Arrepentimiento significa "dar la media vuelta y dirigirme en dirección opuesta".
5. El tercer paso es hacer las obras del principio.

Sesión seis

LA LEY DE LA POSESIÓN

Objetivos

- Entender la ley de la posesión.
- Identificar las áreas prácticas donde la posesión es una cuestión de más importancia.
- Darse cuenta de que al rendir nuestras posesiones fomentamos la confianza y la unidad.

Notas y consejos

1. Esta sesión puede ser un desafío debido a que esta plática puede sacar a la luz algunas áreas de conflicto serio. Trate de propiciar que los enfoques en las maneras de mejorar el comportamiento sean personales, y no sean enfocadas en el comportamiento de los cónyuges.

Comentario

1. Las pertenencias que deben ser juntamente poseídas incluyen propiedades, hijos, sexo, relaciones y tiempo.

2. Al retener ciertas posesiones, usted está comunicando que esa posesión es más importante que su cónyuge.
3. Dominar se define como acaparar el control de algo que debería ser común a ambos, y no buscar el beneficio del otro cónyuge.
4. Egoísmo se define como preocuparse por el bienestar de uno mismo, descuidando a otros.

Sesión siete

LA LEY DE LA PUREZA

Objetivos

- Darse cuenta de la necesidad que hay en la relación matrimonial de tener apertura física, emocional, mental y espiritual.
- Entender que el pecado personal es la barrera más grande para la apertura.
- Identificar maneras de restaurar la pureza y la apertura en el matrimonio.

Notas y consejos

1. Para la actividad de apertura cada persona va a necesitar un vaso con agua hasta la mitad. Usted necesitará tener una pequeña cantidad de tierra y algunas cucharas. Tan pronto como termine la actividad, anime a las parejas a ayudar a limpiar, si esto fuera necesario.
2. La palabra "desnudez" es usada en esta lección y debe ser entendida como un estado de apertura o intimidad completa.

Comentario

1. Adán y Eva no tenían barreras para la intimidad física. Ellos eran completamente abiertos el uno con el otro, mental y emocionalmente, y estaban perfectamente conectados espiritualmente uno con el otro y con Dios.
2. Sus diferencias fueron cubiertas, ahora había barreras para la intimidad y sus áreas más sensibles ya no estaban seguras.
3. Este versículo instruye a cada persona a enfocarse en su propio comportamiento y no en el de su cónyuge.
4. Este versículo dice que si una persona retiene el perdón, Dios no va a abrazarla con Su perdón.

Sesión ocho

LAS CUATRO NECESIDADES BÁSICAS DEL HOMBRE

Objetivos

- Identificar las cuatro necesidades más fuertes de un hombre.
- Evaluar las áreas en las que estas necesidades no han sido suplidas.
- Comprometerse a suplir las necesidades del esposo.

Notas y consejos

1. Además de enseñar acerca de las necesidades de un hombre, esta lección empieza enfocándose en la importancia de que cada persona esté abierta a hacer cambios en ella misma.

Comentario

1. A menos que un hombre esté bien fundado y seguro en su relación con Cristo y entienda que Cristo va a suplir todas sus necesidades, puede ser difícil para él sacrificarse a este nivel tan profundo para su esposa.
2. Hay algunos hombres que pueden llevar un espíritu de infidelidad aunque nunca hayan dormido con otra mujer. Ellos pueden mirar con lujuria a cada mujer bonita que pasa y aún si no caen en la trampa de la pornografía, tal vez vean programas en la televisión o películas cuestionables.
3. Un esposo nunca debe amenazar con abandono o divorcio. Esta clase de trato socava la confianza de su esposa en su fidelidad.

Sesión nueve

LAS CUATRO NECESIDADES BÁSICAS DE LA MUJER

Objetivos

- Identificar las cuatro necesidades más fuertes de la mujer.
- Evalúe las áreas donde estas necesidades no han sido suplidas.
- Comprométase a satisfacer las necesidades de su esposa.

Notas y consejos

1. El líder proveerá una flor y un recipiente con agua para que las parejas lo examinen. Una sola flor, como una rosa por ejemplo, será más efectiva que un ramo entero.
2. Esta puede ser una sesión difícil porque el concepto del liderazgo sacrificado puede ser difícil de manejar para algunos hombres.

Comentario

1. Para un hombre puede resultar difícil hacer un sacrificio a este nivel de profundidad por su esposa, al menos que esté bien fundamentado y seguro en su relación con Cristo y entienda que el Señor suplirá todas sus necesidades.
2. Los hombres que nunca han dormido con otra mujer pueden tener un espíritu de infidelidad. Pueden ver con lujuria a cada mujer bonita que les pase por un lado, y si no cayeran en la trampa de la pornografía, pudieran estar viendo programas de televisión o películas de dudosa reputación.
3. Un esposo nunca debe amenazar con el abandono o el divorcio. Este tipo de amenazas puede disminuir la confianza de la esposa en la fidelidad de su esposo.

Sesión diez

PRINCIPIOS PARA EL ÉXITO FINANCIERO

Objetivos

- Entender los cuatro peligros del dinero en el matrimonio.
- Identificar su lenguaje monetario individual y cómo impacta el manejo del dinero en un matrimonio.
- Identificar algunas áreas de estrés financiero en el matrimonio.
- Conversar de posibles soluciones.

Comentario

1. Este es el principio de que Dios es el dueño de todo.
2. Hay dos pasos para hacer un presupuesto. Primero averigüe cuánto dinero entra y cuánto gasta. Luego haga un plan de cómo manejar el dinero gastado y el recibido de acuerdo a los principios de Dios.

Planificación de presupuesto

Nuestro dinero
Diezmo
Vivienda
Deudas
Ahorros
Impuestos
Comida
Entretenimiento y recreación
Médicos
Automóvil
Seguros
Ropa
Varios

Sesión once

SATISFACCIÓN SEXUAL EN EL MATRIMONIO

Objetivos

- Identificar las diferencias fundamentales entre hombres y mujeres en el área del diseño sexual y su respuesta.
- Platicar de cómo la unión sexual pudiera ser más satisfactoria para cada cónyuge.

Notas y consejos

1. Para esta sesión sería muy bueno implementar algo para ilustrar el fuego y que lo observen las parejas, pudiera ser desde una vela encendida, una chimenea o una parrilla en una terraza. Si esto no fuera posible, enfatice con muchos detalles los efectos positivos del fuego, cuando es usado adecuadamente y los efectos devastadores que causa un fuego fuera de control.
2. Esta sesión trata con asuntos muy íntimos y delicados. Asegúrese de guiar las intervenciones de los demás, de tal manera que ningún detalle personal íntimo se comparta en el grupo.
3. Asegúrese de abordar el tema directamente, usando los términos anatómicos adecuados.

Comentario

1. Corintios 10:23 nos da el principio de que todo lo permisible no siempre es beneficioso. Por lo tanto, aunque cierto tipo de prácticas sexuales no estén específicamente prohibidas, todo debe ser de común acuerdo entre ambos cónyuges. Durante la sección de *"Relacionándonos y comunicándonos"*, las parejas conversarán de los recursos que hay para ayudar a la gente a tratar con problemas de pornografía y abuso sexual. Localice recursos en su área, tales como consejeros cristianos, programas de iglesias, centros de crisis de embarazo, donde pudieran ayudar a las mujeres a tratar problemas causados por abortos pasados, o bien, localice otras organizaciones cristianas que pudieran ayudar.

* Una lista sugerida de recursos está disponible en la página 93 de este Cuaderno de Trabajo. Sin embargo, tómese el tiempo que necesita para localizar recursos en su área local, tales como consejeros cristianos, centros de crisis de embarazo, programas de iglesia y ministerios, así como librerías cristianas locales que pudieran tener productos disponibles con una extensa gama de temas.

Sesión doce

RENOVACIÓN DE VOTOS

Objetivos

- Proveer una atmósfera romántica para que las parejas expresen su compromiso a una relación de pacto en su matrimonio.

Notas y consejos

1. Trate de proveer una atmósfera romántica agradable. Esto se pudiera llevar a cabo en un restaurante, o puede tener una velada semi formal, o tomar algún postre en la casa de alguien.
2. Este debería ser un tiempo para que cada matrimonio interactúe con su cónyuge, y no con otras parejas.

Comentario

Al final de la cena o del postre, pida a las parejas que repitan después de usted los votos que están en sus libros. Tome su tiempo, y tenga en cuenta que este es un momento para recordar. Esto es para lo que ellos han estado trabajando desde las 11 semanas anteriores. Esta renovación representa un nuevo comienzo y es un reconocimiento de que quieren un verdadero matrimonio de pacto. Asegúrese de que las parejas firmen y pongan la fecha en la planilla del libro.

Recursos

Ayuda en línea (disponible sólo en inglés) Marriage Today

Sitio Web www.marriagetoday.org

Consejería Cristiana Rapha 800-383-4673

Centros de Crisis de Embarazo www.cpclink.com

Asociación Familiar Americana www.afa.net/pornography - 662-844-5036

Nueva Vida- www.newlife.com - 1-800-NEW LIFE (800-639-5433)

Ministerios Vida Pura – www.purelifeministries.org - 800-635-1866

Intimidad Pura www.pureintimacy.org

Liberando a los Cautivos www.settingcaptivesfree.com

Basta es Basta www.enough.org -888-2ENOUGH

Red de Varones Cristianos www.edcole.org/resources

Ministerios Financieros Crown – Larry Burkett – www.crown.org (800)7221976

Nota del traductor:
Los ministerios mencionados se encuentran en los Estados Unidos de Norte América.

Made in the USA
Columbia, SC
04 January 2024